Casos Práticos de Direitos Reais

Casos Práticos de Direitos Reais

2019

José Alberto Vieira
Tiago Soares da Fonseca
Vítor Palmela Fidalgo

ALMEDINA

CASOS PRÁTICOS DE DIREITOS REAIS
AUTORES
José Alberto Vieira
Tiago Soares da Fonseca
Vítor Palmela Fidalgo
EDITOR
EDIÇÕES ALMEDINA, S.A.
Rua Fernandes Tomás, nºs 76-80
3000-167 Coimbra
Tel.: 239 851 904 · Fax: 239 851 901
www.almedina.net · editora@almedina.net
DESIGN DE CAPA
FBA.
PRÉ-IMPRESSÃO
EDIÇÕES ALMEDINA, S.A.
IMPRESSÃO E ACABAMENTO
DPS - Digital Printing Services
Agosto, 2019
DEPÓSITO LEGAL
460558/19

ALMEDINA | GRUPOALMEDINA

BIBLIOTECA NACIONAL DE PORTUGAL – CATALOGAÇÃO NA PUBLICAÇÃO
VIEIRA, José Alberto, e outros
CASOS PRÁTICOS DE DIREITOS REAIS
José Alberto Vieira, Tiago Soares da Fonseca,
Vítor Palmela Fidalgo – (Casos práticos)
ISBN 978-972-40-8075-8
I – FONSECA, Tiago Soares da
II – FIDALGO, Vítor Palmela
CDU 347

NOTA PRÉVIA

Publica-se neste volume um conjunto de hipóteses elaboradas pelos autores para servir de apoio ao ensino prático da disciplina de Direitos Reais na licenciatura do Curso de Direito.

Trata-se de um conjunto de casos práticos, uns retirados de processos judiciais já decididos outros criados pelos autores, que visa cobrir uma boa parte do Programa da disciplina, estimulando os alunos a resolverem os mesmos de acordo com o conhecimento adquirido da matéria.

Os autores trabalharam em conjunto no ensino de Direitos Reais na Faculdade de Direito da Universidade de Lisboa durante o ano lectivo de 2016-2017. Alguns desses casos espelham o ensino ministrado e os problemas suscitados aos alunos para resolução.

É natural que a resolução das hipóteses agora apresentadas não colha o favor de todos, nem esteja isenta de controvérsia ou de discussão doutrinária. Ela segue uma linha de ensino que tem coordenadas científicas bem identificadas e que está em linha com o que se tem escrito em décadas recentes por docentes da Faculdade de Direito de Lisboa. Outras linhas argumentativas poderão sempre conduzir a soluções diversas.

OS AUTORES

1. PRINCÍPIOS E CARACTERÍSTICAS DOS DIREITOS REAIS

VÍTOR PALMELA FIDALGO

Arlindo é um abastado latifundiário. Proprietário de terrenos no Alentejo, nos últimos tempos tem-se deparado com vários problemas que necessitam de solução urgente, nomeadamente:

1) Numa das herdades localizadas em Alcácer do Sal, Arlindo transmitiu, há cinco anos, a cortiça da herdade a Bento. Contudo, agora que falta menos de um ano para a tiragem da mesma, Arlindo comunicou a Bento a desistência do negócio, tendo decidido vender a herdade a Carlos. Bento ameaça agora com uma ação de reivindicação da cortiça. *Poderá fazê-lo?*

2) Em setembro de 2017, Arlindo decidiu vender a Daniel um olival que tinha na zona de Borba pelo valor de 80 mil euros, tendo sido celebrada escritura pública para o efeito. Dada a confiança que havia entre os dois, Arlindo procedeu desde logo à entrega do olival, tendo o pagamento do preço sido combinado para o final mês. Contudo, Daniel nunca realizou qualquer pagamento, sendo que Arlindo pretende intentar uma ação de reivindicação para reaver o Olival. *Quid iuris?*

3) Em janeiro de 2015, de forma a garantir o cumprimento de uma dívida, Arlindo constituiu uma hipoteca voluntária sobre um imóvel situado em Évora, propriedade de Eva. Acontece que, em maio de 2018, Eva decide transmitir o imóvel a Filipa. Sendo credor hipotecário, Arlindo quer saber se a hipoteca se mantém ou se terá de constituir uma nova.

4) Estando na casa dos 70 anos e não tendo filhos, Arlindo pretende deixar a vida orientada daqueles que mais o têm ajudado: dois dos seus

empregados, Manuel e Joaquim. Para isso, pretende doar um prédio que tem em Beja: o rés-de-chão ficará para o Manuel e o 1.º andar para o Joaquim. *Pode fazê-lo?*

5) Arlindo era igualmente dono de um pomar de pêssegos. Em 2010, celebrou um contrato com Filipe, no qual foi previsto que este poderia colher os pêssegos até 2020. A contraprestação seria Filipe cuidar de alguns animais que Arlindo tinha num olival perto do pessegal. Arlindo pretende agora vender o pomar a Eugénia, mas esta parece ter dúvidas em relação ao negócio, dado que o contrato entre Arlindo e Filipe menciona, expressamente, a sua eficácia real e Eugénia não pretende tolerar mais a presença de Filipe. *Quid iuris?*

RESOLUÇÃO:

1) No momento da celebração do negócio, a cortiça é um bem objetivamente futuro (artigo 211.º do Código Civil). Constitui, assim, um fruto pendente (artigo 212.º do Código Civil) e, por esse motivo, é parte integrante da coisa imóvel (artigo 204.º, n.º 1, *c*), do Código Civil), não tendo individualidade para ser, autonomamente, objeto de negócios reais. Desta feita, não existe assim qualquer transmissão do direito de propriedade para Bento, dado que os direitos reais só podem incidir sobre coisas presentes.

Nos termos do artigo 408.º, n.º 2, do Código Civil, "se a transferência respeitar a coisa futura ou indeterminada, o direito transfere-se quando a coisa for adquirida pelo alienante ou determinada com conhecimento de ambas as partes, sem prejuízo do disposto em matéria de obrigações genéricas e do contrato de empreitada; se, porém, respeitar a frutos naturais ou a partes componentes ou integrantes, *a transferência só se verifica no momento da colheita* ou separação" (itálico nosso).

Neste caso, podemos subsumir a presente situação à última parte do n.º 2 do artigo 408.º, que refere que, no caso de frutos naturais, a transferência se dá no momento da colheita, i.e., no presente caso, a tiragem da cortiça. Esta regra não constitui uma exceção ao princípio da consensualidade, presente no artigo 408.º, n.º 1, do Código Civil, na medida em que a transmissão do direito real se dá, igualmente, de forma automática por efeito do contrato.

Tendo em conta este cenário, Bento não é titular de qualquer direito real, não podendo, por isso, intentar uma ação de reivindicação, nos termos do artigo 1311.º, n.º 1, do Código Civil. De facto, de acordo com o artigo 880.º, n.º 1, do Código Civil, "na venda de bens futuros, de frutos pendentes ou de partes componentes ou integrantes de uma coisa, o vendedor fica obrigado a exercer as diligências necessárias para que o comprador adquira os bens vendidos, segundo o que for estipulado ou resultar das circunstâncias do contrato". Desta feita, Bento é apenas titular de um direito de crédito e poderá, por isso, somente, intentar uma ação de responsabilidade civil por incumprimento contratual.

Uma vez que a venda da herdade compreendeu as partes integrantes da mesma, Carlos será o proprietário da herdade, mas também da cortiça (artigo 882.º, n.º 2, do Código Civil).

2) Nos termos do artigo 408.º, n.º 1, do Código Civil, "a constituição ou transferência de direitos reais sobre coisa determinada dá-se por mero efeito do contrato, salvas as excepções previstas na lei". Está em causa o princípio da consensualidade, determinando-se que o direito real se transfere *solo consensu*, sem necessidade de outros atos, como o pagamento do preço ou a *traditio*.

Na presente hipótese prática, através da celebração do contrato de compra e venda, sendo o contrato válido aos níveis substancial e formal (artigo 875.º do Código Civil) (princípio da causalidade), o direito de propriedade transferiu-se para a titularidade de Daniel com o acordo entre as partes (artigos 408.º, n.º 1, 879.º, *a*), e 1317.º, al. *a*), do Código Civil), mesmo não tendo existindo a entrega da coisa, que, na verdade, é apenas um efeito obrigacional do contrato de compra e venda (artigo 879.º, *b*), do Código Civil).

Neste sentido, a compra e venda celebrada entre Arlindo e Daniel é válida e produziu os seus efeitos reais, não tendo Arlindo direito de reivindicar a coisa. Desta feita, restará a Arlindo a possibilidade de intentar uma ação de cumprimento para o pagamento do preço e eventuais danos que possam existir, contando que não tenha salvaguardada a possibilidade de resolver o contrato nos termos do artigo 886.º do Código Civil.

3) A hipoteca constitui um direito real de garantia, estando prevista no artigo 686.º e seguintes do Código Civil. Neste caso, estamos perante uma hipoteca voluntária (artigo 712.º e seguintes do Código Civil), pois foi constituída através de negócio jurídico. De referir que, no caso da hipoteca, e, pelo menos, no que diz respeito aos seus efeitos reais, o registo é constitutivo (artigo 687.º do Código Civil e artigo 4.º, n.º 2, do Código de Registo Predial).

Sendo a hipoteca um direito real, a mesma tem eficácia *erga omnes*, subsistindo mesmo quando se dê a transmissão da coisa hipotecada. Com efeito, a transmissão do imóvel de Eva para Filipa não irá extinguir o direito real de garantia que incide sobre a coisa, transmitindo-se o bem onerado com a hipoteca, sendo que a expurgação da mesma só se dará nos termos do artigo 721.º do Código Civil.

4) No presente caso, está em causa o princípio da especialidade, que determina que, para que se possa constituir um direito real, a coisa corpórea tem de estar determinada, tem de ser presente e autónoma. Mais concretamente, estamos a falar do subprincípio da totalidade, que não admite que o direito real possa existir apenas sobre parte de uma coisa. Isso mesmo nos indica o artigo 408.º, n.º 2, do Código Civil, que refere que, quanto à eficácia real, "se a transferência respeitar a coisa futura ou indeterminada, o direito transfere-se quando a coisa for adquirida pelo alienante ou determinada com conhecimento de ambas as partes, sem prejuízo do disposto em matéria de obrigações genéricas e do contrato de empreitada; se, porém, respeitar a frutos naturais ou a partes componentes ou integrantes, *a transferência só se verifica no momento* da colheita *ou separação*" (itálico nosso).

De acordo com o enunciado do caso, o prédio de Arlindo, sob o qual incidia o seu direito real de propriedade, era uma coisa determinada, certa e autónoma. Se a vontade de Arlindo fosse admissível, ao estabelecer que o rés-de-chão do seu prédio ficaria para Manuel e o 1.º andar para o Joaquim, estaríamos a admitir a constituição de um direito real sobre parte da coisa, o que não é admissível e vai contra o princípio da especialidade referido *supra*.

A forma de ultrapassar este impedimento por parte de Arlindo será sujeitar o prédio ao regime da propriedade horizontal (artigo 1414.º do

Código Civil), onde se poderá autonomizar, ao menos juridicamente, o prédio em questão, desde que se encontrem preenchidos os requisitos do artigo 1415.º do Código Civil, i.e., que as frações autónomas do edifício (rés-de-chão e 1.º andar, respetivamente) "além de constituírem unidades independentes, sejam distintas e isoladas entre si, com saída própria para uma parte comum do prédio ou para a via pública". Contudo, terá de fazê-lo antes de proceder à doação do prédio a Manuel e Joaquim. Se Arlindo sujeitasse o prédio à propriedade horizontal, Manuel e Joaquim poderiam adquirir, por doação, a propriedade sobre cada uma das frações autónomas, passando a ser comproprietários das partes comuns do prédio.

Por fim, uma outra solução alternativa seria Arlindo doar o prédio a Manuel e Joaquim em regime de compropriedade. Neste caso, Manuel e Joaquim seriam ambos titulares de um direito de propriedade sobre a mesma coisa (comproprietários), sendo que estes direitos limitar-se-iam de forma recíproca no que diz respeito ao seu aproveitamento, podendo, contudo, o uso da coisa ser estipulado contratualmente.

5) Na presente hipótese, teremos de analisar se o direito de Filipe colher pêssegos por dez anos constitui um direito real. Na medida em que os direitos reais estão sujeitos ao princípio da tipicidade (ou do *numerus clausus*), i.e., não sendo admitidas figuras com natureza real fora do elenco que é dado pela lei, os particulares só poderão escolher os direitos reais consagrados legalmente.

O princípio da tipicidade está previsto no artigo 1306.º, n.º 1, do Código Civil, 1.ª *parte*, estipulando-se que "não é permitida a constituição, com carácter real, de restrições ao direito de propriedade ou de figuras parcelares deste direito senão nos casos previstos na lei". Na 2.ª *parte* desta mesma disposição é previsto um caso de conversão legal (artigo 293.º do Código Civil) do negócio jurídico nulo por violação do princípio da tipicidade, passando o mesmo a ter eficácia obrigacional (*favor negotii*).

Neste sentido, não se enquadrando a situação jurídica de Filipe com um direito real, pois não subsume a qualquer dos direitos reais previstos na lei, teremos de concluir que, se o negócio entre Arlindo e Eugénia se converter, Filipe não poderá opor o seu direito ao novo adquirente, dado que o direito de Filipe será apenas um direito de natureza obrigacional, e, por esse motivo, com uma eficácia *inter partes* (ou relativa), inoponível a Eugénia (característica da prevalência dos direitos reais).

A resposta não será diferente pelo facto de, no contrato entre Arlindo e Filipe, constar, expressamente, uma cláusula referindo que o contrato terá eficácia real. Tal como referimos, tendo em conta o princípio da tipicidade, a autonomia privada é restringida, não podendo as partes, mesmo expressamente, dar natureza real a uma figura que não está prevista no elenco de direitos reais. Existem, contudo, dois tipos de direitos reais onde a eficácia real exige que as partes refiram, expressamente, essa mesma circunstância. Estes dizem respeito aos direitos reais de aquisição, particularmente ao contrato promessa com eficácia real e ao pacto de preferência real, quando constituídos de forma voluntária. Exige-se que os seus outorgantes declarem expressamente que atribuem eficácia real ao contrato.

Se Eugénia não tolerar a presença de Filipe, restará a este último, no caso de existirem danos, propor uma ação de responsabilidade civil por incumprimento contratual contra Arlindo.

2. REGISTO PREDIAL

TIAGO SOARES DA FONSECA

Luísa, proprietária de um apartamento em Alfama, decide aliená-lo, em 2016, a Mário, residente no Porto, através da sua permuta por um valioso quadro que Mário tinha. Concluído o negócio e informado por um amigo que teria de ir à Conservatória a Lisboa proceder ao registo, Mário decide não o fazer, pois, para além de poupar na viagem à capital, de acordo com o que tinha visto na *internet*, o registo predial não serviria para nada.

Responda fundamentadamente às perguntas seguintes, tendo em consideração os factos adicionalmente acrescentados:

1) *Quem é o proprietário do apartamento?*

2) *Mário atuou corretamente ao não proceder ao registo?*

3) Em 2017, Noémia, confiando no registo predial, promove o registo de uma hipoteca sobre o prédio de Luísa com base numa sentença, não

transitada em julgado, em que a mesma tinha sido condenada a pagar a Noémia 250.000 €, valor correspondente ao valor patrimonial do apartamento. *Poderá Mário ficar sem o apartamento?*

4) Em 2018, aproveitando-se da circunstância de Mário não ter registado a aquisição do apartamento, Luísa outorga uma escritura pública de compra e venda do apartamento a Ofélia, que procede ao respetivo registo e, de imediato, ocupa a casa. Mário, ao saber do sucedido, intenta uma ação de reivindicação contra Ofélia. *Terá sucesso?*

5) Em 2018, aproveitando-se da circunstância de Mário não ter registado a aquisição do apartamento, Luísa outorga uma escritura pública de compra e venda do mesmo com Pedro, investidor imobiliário, que procede ao respetivo registo. No mês seguinte, depois de umas pequenas obras de remodelação no apartamento, Pedro vende o imóvel a Quirino que, de imediato, o regista. No final desse ano, ao tomar conhecimento que Mário ocupou o apartamento, Quirino avança com uma ação de reivindicação. Mário contesta-a, alegando a nulidade da compra e venda celebrada entre Pedro e Quirino e da compra e venda subsequente. *Qual será o desfecho provável da ação?*

RESOLUÇÃO:

1) *Quem é o proprietário do apartamento?*

Entre Luísa e Mário foi celebrado um contrato com vista à alienação do direito de propriedade de uma coisa da primeira para o segundo. Especificamente um contrato de permuta. Tendo por objeto coisa imóvel (artigo 204.º do Código Civil), o contrato deveria ser celebrado por escritura pública ou documento particular autenticado, sob pena de nulidade (artigo 875.º *ex vi* artigo 939.º e artigo 220.º, respetivamente, todos do Código Civil).

O contrato, mormente o contrato de permuta, constitui um dos modos de aquisição do direito de propriedade (artigo 1316.º do Código Civil). No que concerne aos negócios com eficácia real, não vigora o princípio da tipicidade. Os negócios podem ser atípicos.

Tendo o contrato de permuta por objeto uma coisa presente determinada, o efeito real da transferência do direito de propriedade dá-se por mero efeito do contrato, isto é, por consenso das partes, independentemente de a entrega das coisas permutadas só ocorrer posteriormente à celebração do contrato ou de, tratando-se de facto sujeito a registo, o mesmo não ter sido efetuado [artigos 1317.º, al. *a*), e 408.º, n.º 1, do Código Civil]. Vigora na ordem jurídica portuguesa o princípio da consensualidade e o chamado sistema do título.

Em face do exposto, se o contrato celebrado entre Luísa e Mário tiver sido exteriorizado segundo a forma legal exigida, o proprietário do apartamento será Mário e, pelos mesmos motivos, a proprietária do quadro será Luísa.

2) *Mário atuou corretamente ao não proceder ao registo?*

Não. Mário não procedeu ao registo da permuta que determinou a alienação do direito de propriedade a seu favor para evitar uma deslocação a Lisboa, poupando os custos da viagem. Fê-lo ainda por o registo predial não servir, alegadamente, para nada.

Ambos os fundamentos não procedem, acrescendo ainda o facto de estarmos perante um caso de registo obrigatório.

Observemos.

No artigo 2.º do Código do Registo Predial constam os factos sujeitos a registo, com destaque, na sua alínea *a*), para os factos jurídicos que determinam a constituição, o reconhecimento, a aquisição ou a modificação dos direitos de propriedade, usufruto, uso e habitação, superfície ou servidão. É obrigatório submeter a registo os factos referidos no artigo 2.º do Código do Registo Predial [artigo 8.º-A, n.º 1, al. *a*), do Código do Registo Predial]. Este registo obrigatório deveria ser promovido pela entidade que tivesse celebrado a escritura pública de permuta, autenticado o documento particular ou reconhecido as assinaturas nele apostas ou, quando tais entidades não interviessem, pelo sujeito ativo do facto sujeito a registo, no prazo de dois meses a contar da data em que o facto tivesse sido titulado, sob pena do pagamento acrescido de quantia igual à que estiver prevista a título de emolumento, independentemente da gratuitidade, isenção ou redução de que o ato beneficie (artigos 8.º-B, n.º 1, 8.º-C, n.º 1, e 8.º-D, n.º 1, respetivamente, do Código do Registo Predial).

Relativamente à necessidade de deslocação de Mário a Lisboa, desde o Decreto-Lei n.º 116/2008, de 4 de julho, que revogou o artigo 19.º do

Código do Registo Predial, os registos deixaram de ter de ser feitos na conservatória da situação dos prédios. Assim, apesar de o apartamento adquirido por Mário se localizar em Lisboa, a concretização do seu registo predial não tinha de ocorrer em Lisboa. No regime atual, os atos de registo predial podem ser efetuados em qualquer serviço de registo predial, independentemente da sua localização geográfica e sem ser pessoalmente (artigo 41.º-B do Código do Registo Predial). Assim, Mário poderia proceder ao registo sem ter de se deslocar à capital.

Por fim, não é verdade que o registo predial da aquisição do direito de propriedade por Mário não servisse para nada.

Pelo seguinte.

É verdade que, conforme visto na resolução da hipótese 1 *supra*, a aquisição do direito de propriedade do apartamento por Mário se deu por mero efeito do contrato de permuta [artigos 408.º, n.º 1, e 1317.º, al. *a*), do Código Civil]. Assim, do ponto de vista substantivo, a inscrição registal da permuta sobre o apartamento nada acrescenta. Contudo, ao proceder ao registo da permuta, a situação de Mário na ordem jurídica registal passará a coincidir com a situação na ordem substantiva desse prédio: o proprietário do apartamento do ponto de vista substantivo e registal será Mário. Não procedendo ao registo, teremos um proprietário substantivo, Mário, mas também um putativo proprietário registal, Luísa. Se Mário registar a sua aquisição, vê a sua posição substantiva consolidada no registo: elimina a possibilidade, ainda que excecional, de ser conferida proteção registal, por aquisição tabular, a terceiros que, de boa-fé, tenham confiado na situação registal.

Concluindo, Mário não atuou corretamente ao não ter procedido ao registo da aquisição do direito de propriedade do imóvel.

3) *Poderá Mário ficar sem o apartamento?*

Quanto ao conteúdo do aproveitamento conferido pela coisa corpórea ao titular do direito real, é usual distinguir-se entre direitos reais de gozo, de aquisição e de garantia.

O direito real de garantia não atribui ao seu titular o gozo da coisa corpórea, mas somente a possibilidade de realização de um determinado valor económico proveniente da sua venda, em processo judicial executivo, com preferência sobre os demais credores. Este aproveitamento indireto da coisa tem por escopo garantir créditos, dos quais a garantia é acessória, motivo pelo qual os direitos reais de garantia estão regulados no Livro II do Código Civil, apesar de serem direitos reais.

A hipoteca é um direito real que confere ao credor (hipotecário) o direito de ser pago pelo valor de certas coisas imóveis, ou equiparadas, pertencentes ao devedor ou a terceiro, regulado nos artigos 686.º e seguintes do Código Civil. Concretamente, no caso prático em apreço, estamos perante uma hipoteca legal, passível de ser constituída, tendo por base uma sentença condenatória do devedor à realização de uma prestação. Ou seja, Noémia, credora, dispondo de uma sentença condenatória de Luísa, devedora, à realização de uma prestação pecuniária, dispõe de um título bastante (a sentença) para registar uma hipoteca sobre quaisquer bens de Luísa, mesmo que aquela não haja transitado em julgado (artigo 710.º, n.º 1, *in fine*, do Código Civil).

O registo da hipoteca, titulado pela sentença condenatória, constitui uma das situações excecionais de efeito constitutivo do registo predial (artigos 687.º do Código Civil e 4.º, n.º 2, do Código do Registo Predial). Ou seja, sem o mesmo não haverá constituição do direito real de garantia de hipoteca. Na eventualidade de a sentença condenatória não ter transitado em julgado, a inscrição registal da hipoteca seria provisória por natureza [artigo 92.º, n.º 1, al. *m*), do Código do Registo Predial].

Conforme visto nas hipóteses anteriores, na ordem substantiva, a propriedade do apartamento é de Mário por mero efeito da permuta [artigos 408.º, n.º 1, e 1317.º, al. *a*), do Código Civil]. Todavia, não tendo Mário procedido ao registo dessa aquisição, na ordem registal continua a constar Luísa como proprietária, o que explica o registo da hipoteca judicial por Noémia, credora daquela.

A hipoteca judicial destina-se a asseverar o cumprimento de certa obrigação, mediante o pagamento pelo valor de certas coisas imóveis ou equiparadas pertencentes ao devedor. Uma vez que Mário, o proprietário substantivo do apartamento, não é devedor de Noémia, poderá reagir perante o registo de uma hipoteca sobre uma coisa sua para garantir uma dívida alheia, designadamente face à acessoriedade da hipoteca. Poderá fazê-lo, numa eventual execução da hipoteca, por meio de oposição mediante embargos de terceiro (artigos 342.º e seguintes do Código de

Processo Civil), ou ainda, eventualmente, impugnando judicialmente o facto registado (artigo 8.º do Código do Registo Predial).

4) *Terá sucesso?*

A aquisição da propriedade do apartamento por Mário deveria ter sido registada [artigos 2.º, n.º 1, al. *a*), e 8.º-A, n.º 1, al. *a*), do Código do Registo Predial].

Nos termos do disposto no n.º 1 do artigo 5.º do Código do Registo Predial, "*os factos sujeito a registo só produzem efeitos contra terceiros depois da data do respetivo registo*". Este número tem de ser articulado com o n.º 4 do mesmo artigo, que define terceiro, para efeitos de registo: aquele que tenha adquirido de um autor comum direitos incompatíveis entre si. Consagra-se, aqui, uma aceção restrita de terceiro.

Ofélia é terceira, para efeitos de registo?

Ofélia adquiriu o seu direito de autor comum: Luísa. Foi esta quem transmitiu, por permuta, o direito de propriedade do apartamento a Mário, e, posteriormente, por compra e venda, o mesmo direito a Ofélia. Ou seja, quer Mário, quer Ofélia adquiriram o direito de propriedade sobre o apartamento do mesmo sujeito, que, assim, praticou uma dupla disposição ou alienação.

Por outro lado, como se pode alcançar, estamos perante direitos incompatíveis entre si: a propriedade singular e plena sobre um apartamento não é compatível com a propriedade singular e plena de outrem sobre a mesma coisa.

Portanto, para efeitos de registo, Ofélia é terceira. Consequentemente, não se encontrando registado o direito de propriedade de Mário, o mesmo não produz efeitos contra Ofélia.

Adicionalmente, haveria que analisar, no seguimento do que sustenta a doutrina maioritária, se estávamos perante uma aquisição tabular, isto é, se se deu o efeito atributivo do registo predial efetuado por Ofélia. Por outras palavras, se Ofélia, apesar de não ser, do ponto de vista substancial, a proprietária do apartamento, adquiriu esse direito por força das regras do registo. Isto porque, de acordo com a doutrina dominante, o artigo 5.º do Código do Registo Predial consagra, a par das situações previstas nos artigos 17.º, n.º 2, e 122.º do Código do Registo Predial, e do artigo 291.º do Código Civil, uma hipótese de aquisição tabular.

Observemos.

Verifica-se, em primeiro lugar, uma incompletude registal. Com efeito, o processo registal não findou, uma vez que não foi registada a aquisição da propriedade por Mário. Esta incompletude conduz a uma desconformidade da situação registal com a realidade substantiva.

Por outro lado, verifica-se um negócio jurídico inválido entre aquele que, do ponto de vista registal, consta como o titular do direito e o terceiro a quem o mesmo foi transmitido. Beneficiando da presunção da titularidade da propriedade derivada da incompletude registal (artigo 7.º do Código do Registo Predial), Luísa consegue dispor, de novo, do mesmo direito. Contudo, por falta de correspondência entre o titular substantivo e o registo, esse ato de disposição é nulo, por falta de legitimidade. Ofélia comprou um apartamento a quem figurava no registo como seu proprietário, mas que não o era. Concretamente, estamos perante uma venda de bens alheios (artigo 892.º do Código Civil).

Verifica-se ainda que o terceiro, isto é, Ofélia, inscreveu o facto aquisitivo do seu direito antes do registo do facto aquisitivo por Mário. Caso contrário, sob pena de violação do princípio do trato sucessivo (artigo 34.º do Código do Registo Predial), na hipótese de titular validamente a transmissão, Ofélia não conseguiria inscrever o facto aquisitivo do seu direito. E, na hipótese de o conseguir, já não haveria fé pública registal que justificasse a sua proteção tabular, pois, ao registar, Ofélia saberia, ou não poderia ignorar, o registo anterior de Mário.

Para existir aquisição tabular de Ofélia fundada no artigo 5.º do Código do Registo Predial, a doutrina tende a acrescentar, por integração sistemática com os demais casos de aquisição tabular previstos na lei, aos requisitos acima elencados, outros dois: a boa-fé do terceiro e a onerosidade do ato de disposição.

Há boa-fé do terceiro quando este desconhece, sem culpa, o direito do verdadeiro titular (boa-fé em sentido subjetivo ético). Efetivamente, somente nestas circunstâncias o investimento da confiança feita no registo deve ser tutelado. *In casu*, não havendo qualquer indício de que Ofélia conhecia, ou desconhecia com culpa, que o proprietário do apartamento era Mário, a mesma estaria de boa-fé. Ademais, constando Luísa no registo predial como a proprietária do apartamento e valendo a presunção da titularidade desse direito (artigo 7.º do Código do Registo Predial), não se afigura de sustentar que Ofélia tivesse o dever de conhecer que o proprietário do apartamento era Mário.

Por outro lado, apenas quando o negócio jurídico registado pelo terceiro seja oneroso, deve o terceiro ser protegido. Sendo a compra e venda um contrato oneroso (artigo 874.º do Código Civil), este requisito encontra-se verificado.

Concluindo, a reivindicação de Mário não terá sucesso, tendo em conta que Ofélia adquiriu a propriedade do apartamento, segundo o disposto no artigo 5.º do Código do Registo Predial. O registo predial terá assim, no presente caso, um efeito aquisitivo, em prejuízo de Mário.

5) *Qual será o desfecho provável da ação?*

Do ponto de vista registal, Luísa consta como proprietária do imóvel apesar de não o ser, em virtude da sua prévia alienação a Mário. Porém, beneficiando da presunção da titularidade da propriedade derivada do registo (artigo 7.º do Código do Registo Predial), Luísa consegue dispor, de novo, do mesmo direito a favor de Pedro, que regista a sua aquisição.

De modo semelhante, num segundo momento, temos que, do ponto de vista registal, Pedro passa a constar como proprietário do imóvel, apesar de (também) não o ser, em virtude da prévia alienação do mesmo por Mário. De todo o modo, passando a beneficiar da presunção da titularidade da propriedade derivada do registo (artigo 7.º do Código do Registo Predial), Pedro consegue dispor do mesmo direito a favor de Quirino, que regista a sua aquisição.

Sucede que, do ponto de vista substancial, nem Pedro, nem Quirino adquiriram a propriedade do imóvel. Quer Pedro, quer Quirino compraram um apartamento a quem figurava no registo como seu proprietário, mas que não o era: o primeiro a Luísa; o segundo a Pedro. Assim, ambos os negócios são nulos por falta de legitimidade do disponente (artigo 892.º do Código Civil).

Numa perspetiva registal, constata-se a pré-existência de uma desconformidade com a realidade substantiva dos registos de Pedro e de Quirino. Ademais, podemos verificar que, relativamente à alienação de Pedro a Quirino, não ocorreu uma dupla disposição de autor comum, mas uma subaquisição com invalidade substantiva, e que o respetivo processo registal foi conduzido até ao fim, tendo ambos registado as respetivas aquisições. Registos esses que, apesar de desconformes à realidade substantiva, não são nulos (artigo 16.º do Código do Registo Predial, *a contrario*).

Perante os dados da hipótese, somos, pois, confrontados com dois titulares distintos: na ordem substantiva, Mário; na ordem registal, Quirino.

Por norma, a ordem substantiva prevalece sobre a ordem registal. Contudo, no caso *sub judice*, atento o disposto no artigo 291.º do Código Civil, impõe-se saber se a ordem registal prevalecerá excecionalmente sobre a ordem substantiva, por eventual aquisição tabular de Quirino.

Nos termos do n.º 1 do artigo 291.º do Código Civil "*a declaração de nulidade ou a anulação do negócio jurídico que respeite a bens imóveis, ou a bens móveis sujeitos a registo, não prejudica os direitos adquiridos sobre os mesmos bens, a título oneroso, por terceiro de boa fé, se o registo da aquisição for anterior ao registo da acção de nulidade ou anulação ou ao registo do acordo entre as partes acerca da invalidade do negócio*".

Vejamos se os requisitos exigidos pelo referido preceito estão preenchidos.

Em primeiro lugar, o registo de Quirino tem de ser desconforme com a realidade substantiva. Assim sucede, uma vez que, conforme explicitado, assentou num negócio jurídico nulo, sem efeitos na ordem substantiva.

Por outro lado, é ainda necessário que o direito de Quirino tenha sido adquirido a título oneroso e que Quirino esteja de boa-fé. Ambos os requisitos estão preenchidos. O negócio celebrado foi uma compra e venda (artigo 874.º do Código Civil), e Quirino, na ausência de facto de sinal contrário, desconhecia, sem culpa, o vício do negócio inválido (artigo 291.º, n.º 3, do Código Civil). Na compra de coisa imóvel sujeita a registo, nada mais parece ser de exigir, em termos de conduta, ao comprador que quer adquirir a coisa a quem se encontra inscrito como o titular do direito a transmitir. Designadamente, atento ao disposto no artigo 7.º do Código do Registo Predial.

Adicionalmente, a proteção tabular do artigo 291.º depende de Quirino ter registado a sua aquisição antes do registo da ação de nulidade da (primeira) compra e venda. Contudo, se esta ação for proposta e registada nos três anos posteriores à conclusão do negócio, os direitos de Quirino não serão protegidos (artigo 291.º, n.º 2, do Código Civil). O que significa que, nesta última situação, ainda que Quirino tenha registado a sua aquisição antes do registo da ação de declaração de nulidade do negócio, o direito de propriedade registado não será reconhecido.

No caso *sub judice*, não terá havido qualquer registo de ação da nulidade da (primeira) compra e venda. Somente uma ação judicial de reivindicação, onde o réu, pela primeira vez, suscita a questão da nulidade da compra e venda. Assim, em face do exposto, tudo aponta para que a nulidade da compra não possa prejudicar o direito de Quirino. Porém, uma eventual procedência da pretensão reivindicatória de Quirino será, tendencialmente, precária. Tendo o primeiro negócio inválido sido celebrado em 2018, Mário ainda está em tempo de, querendo, propor e registar a correspondente ação de nulidade e, desse modo, prejudicar o direito adquirido por Quirino respeitante ao apartamento.

3. REGISTO PREDIAL – ART. 17.º, N.º 2

VÍTOR PALMELA FIDALGO

Ana é proprietária de um prédio sito em Sintra, nunca tendo procedido ao registo do mesmo. Acontece que Bruno, juntamente com o seu melhor amigo, o Notário Carlos, forjam uma escritura pública de compra e venda do prédio de Ana, a favor do primeiro, tendo-se procedido ao registo na conservatória. Bruno já tinha, de facto, um comprador em vista, que, aliás, sabia de todo este esquema. O comprador era o ex-marido de Ana, Daniel, que acabou por comprar o prédio a Bruno, tendo de seguida procedido ao registo do mesmo e enviado uma carta à ex-mulher, onde lhe dizia que saísse do prédio com a maior brevidade possível, juntando, para o efeito, a certidão do registo predial onde ele surgia como titular do prédio. Contudo, Ana não se conforma e pede agora a declaração de nulidade do registo efetuado por Bruno.

Quid iuris?

RESOLUÇÃO:

No âmbito da publicidade dos direitos reais, contrapondo-se à publicidade espontânea (a posse), temos a publicidade organizada. Esta compreende o registo predial que, nos termos do artigo 1.º do Código do Registo Predial, se destina "essencialmente a dar publicidade à situação jurídica dos prédios, tendo em vista a segurança do comércio jurídico imobiliário". O Registo Predial permite, assim, que qualquer interessado possa aceder a um sistema organizado onde é possível verificar a titularidade dos direitos reais sobre prédios. É preciso ter em conta que o objeto do registo são factos jurídicos e não situações jurídicas, como o direito de propriedade ou o direito de usufruto.

No presente caso, existe uma desconformidade entre a ordem substantiva e a ordem registal, uma vez que o prédio, em termos substantivos, continua a ser propriedade de Ana, contudo, no Registo Predial, o mesmo surge como sendo da propriedade de Daniel.

In casu, convoca-se, então, a aplicação do artigo 17.º, n.º 2, do Código do Registo Predial. Nos termos desta disposição, "A declaração de nulidade do registo [prevista no artigo 17.º, n.º 1, do Código do Registo Predial] não prejudica os direitos adquiridos a título oneroso por terceiro de boa fé, se o registo dos correspondentes factos for anterior ao registo da ação de nulidade". Neste artigo, estabelece-se, assim, um dos casos de aquisição tabular na ordem jurídica portuguesa, estipulando que, contando que os requisitos aí previstos estejam preenchidos, o terceiro não vê a sua posição afetada pela declaração de nulidade do registo predial.

Está em causa o efeito atributivo do registo predial, que protege o terceiro que *adquire* um direito com base numa situação que não está conforme com a realidade substantiva, tornando o ato de registo predial num facto aquisitivo de direitos reais, embora, diga-se, de modo excecional.

Para que se possa aplicar o artigo 17.º, n.º 2, do Registo Predial, é, desde logo, necessário que estejamos perante um dos casos de nulidade registal presente no artigo 16.º do Código do Registo Predial, devendo, concomitantemente, o titular do registo inscrito não ser o titular do direito real na ordem substantiva.

É o que sucede no presente caso. O registo de Bruno é nulo, uma vez que foi efetuado com base no título falso. Daniel aparece, assim, como titular inscrito, apesar de não ser o proprietário na ordem substantiva, mas sim Ana.

Adicionalmente, exigem-se ainda mais dois requisitos. Vejamos.

Por um lado, que o negócio de Daniel tenha sido oneroso, o que também sucedeu (artigo 874.º do Código Civil). Por fim, requer-se ainda que o terceiro – Daniel – estivesse de boa-fé (em sentido subjetivo ético). Este requisito parece não estar preenchido, uma vez que Daniel "sabia de todo este esquema". Ora, não estando Daniel de boa-fé, não se dá aquisição tabular a favor deste, continuando Ana a ser titular do direito real de propriedade.

Tendo em conta este cenário, Ana procedeu de forma correta ao pedir a nulidade do registo, sendo que, após declarada por decisão judicial com trânsito em julgado (artigo 17.º, n.ºs 1 e 3, do Código do Registo Predial), Ana deverá pedir o cancelamento do mesmo nos termos do artigo 13.º do Código do Registo Predial.

4. REGISTO PREDIAL – ART. 5.º, N.º 1 E N.º 4

JOSÉ ALBERTO VIEIRA

Em 2 de Janeiro de 2019, Abel vendeu a Bento o prédio X de que era proprietário e possuidor desde 1 de Abril de 1995. O contrato, outorgado por escritura pública, não foi registado.

Três dias depois, Abel torna a vender o prédio X, agora a Carlos, que ignorava totalmente o primeiro contrato. Esta segunda compra e venda foi registada no próprio dia pelo notário que outorgou a escritura pública.

Bento exige a Abel a entrega do prédio, mas o segundo recusa fazê-lo e nem o podia fazer, dado que entretanto entregou as chaves do portão do prédio X a Carlos.

Quid iuris?

RESOLUÇÃO:

– Em atenção ao princípio da consensualidade, a propriedade de Abel transmitiu-se para Bento, por força do contrato de compra e venda e no momento da conclusão do mesmo (art. 408.º, n.º 1 do Código Civil);

– A falta de registo da compra e venda não interfere com a eficácia do contrato de compra e venda, dado que o registo em Portugal não é constitutivo, mas, em regra, consolidativo;

– A inscrição registal era, contudo, obrigatória para o notário, que violou, assim, um dever funcional;

– A falta de registo responsabiliza civilmente o notário, mas não tem repercussão na eficácia real da compra e venda entre Abel e Bento;

– A posse da coisa permanece com Abel, que não promoveu a tradição. Não há lugar no caso à aplicação do constituto possessório;

– Bento é, assim o proprietário do prédio X no momento da conclusão do contrato, embora sem a posse da coisa;

– Por falta de registo da compra e venda com Bento, Abel continua a beneficiar da presunção de titularidade do art. 7.º do Código do Registo Predial, razão pela qual consegue celebrar a segunda compra e venda com Carlos;

– A segunda compra e venda é nula, nos termos gerais (art. 892.º do Código Civil). Através dela Carlos nada adquire;

– O registo de Carlos suscita a aplicação do art. 5.º, n.º 1 do Código do Registo Predial.

– Carlos é um terceiro segundo o disposto no n.º 4 do preceito (dupla disposição);

– Está de boa fé e registou a sua aquisição antes do registo do contrato entre Abel de Bento;

– O art. 5.º, n.º 1 do Código do Registo Predial prevê uma hipótese de efeito atributivo do Registo Predial ou aquisição tabular;

– Apesar de nada haver adquirido na ordem substantiva, por haver celebrado um contrato nulo, Carlos fica protegido por este preceito, adquirindo a propriedade do prédio X;

– Em contrapartida, Bento vê extinguir-se o seu direito de propriedade;

– Carlos tornou-se possuidor pela tradição (simbólica) da coisa.

5. POSSE

TIAGO SOARES DA FONSECA

Francisca vive num apartamento arrendado a Gabriela, que esta tinha adquirido por ocasião da morte de seus pais.

Desde 1998 até à presente data (2019), Francisca deixou de pagar as rendas devidas, em virtude de, nesse ano, ter sido despedida. Gabriela, por caridade, foi sempre tolerando a situação, abstendo-se de exigir o pagamento das rendas vencidas.

Em 2018, Gabriela descobre que Francisca (finalmente!) arranjou um emprego, exigindo-lhe, por essa ocasião, o pagamento das rendas em falta. Contudo, Gabriela recusa-se a pagar qualquer renda, alegando ser a proprietária do imóvel, por usucapião, desde 1998.

Quid iuris?

RESOLUÇÃO:

Por contrato de locação celebrado entre Gabriela e Francisca, a primeira obrigou-se a proporcionar à segunda o gozo temporário do apartamento, mediante retribuição (artigo 1022.º do Código Civil). Versando sobre coisa imóvel (artigo 204.º do Código Civil), a locação diz-se arrendamento (artigo 1023.º do Código Civil).

Francisca, enquanto inquilina, tem, entre outras, a obrigação de pagar a renda acordada com Gabriela [artigo 1038.º, al. *a*), do Código Civil]. O incumprimento desta obrigação não determina a cessação imediata do contrato, mas é, nos termos legais, fundamento de cessação do contrato por resolução pelo senhorio (Gabriela) – artigos 1083.º, n.ºs 3 e 4, e 1084.º e seguintes do Código Civil.

Gabriela é a proprietária do apartamento (artigos 1316.º e 1317.º, al. *b*), do Código Civil), tendo, pois, legitimidade para celebrar o contrato de arrendamento com Francisca (artigo 1305.º do Código Civil).

Adicionalmente, Gabriela é a possuidora do apartamento, quer antes, quer depois da celebração do contrato de arrendamento (artigo 1251.º do Código Civil). Contudo, uma vez celebrado o contrato de arrendamento e entregue o apartamento a Francisca, a posse de Gabriela, nos termos do direito de propriedade, deixa de ser uma posse imediata, exercida pessoalmente, para passar a uma posse mediata, exercida por intermédio de Francisca (artigo 1252.º, n.º 1, *in fine*, do Código Civil). Relativamente ao direito de propriedade, Francisca tem um exercício efetivo de poderes sobre o apartamento, mas enquanto detentora. Atua sobre o mesmo, nos termos do direito de propriedade, em nome de Gabriela. É, portanto, detentora, conforme preceitua o artigo 1253.º, al. *c*), *in fine*, do Código Civil.

Francisca, além de detentora do apartamento, nos termos do direito de propriedade, é possuidora do mesmo, nos termos do direito de locação, isto é, do direito pessoal de gozo de que é titular, enquanto locatária. Apesar de a letra do artigo 1251.º do Código Civil circunscrever a posse aos direitos reais e de a locação corresponder a um direito pessoal de gozo, podemos encontrar preceitos que reconhecem ações possessórias a titulares de direitos que não são direitos reais de gozo. Concretamente, no caso em apreço, ao locatário a quem tenha sido entregue a coisa locada (artigo 1037.º, n.º 2, do Código Civil). Tal atribuição permite inferir, implicitamente, o reconhecimento da posse, assente no facto de o locatário atuar sobre o apartamento em nome próprio, enquanto titular de um direito pessoal de gozo. De outro modo, tal posição não teria tutela possessória.

Em 2018, interpelada para pagar as rendas em atraso, Gabriela recusa-se a fazê-lo, alegando ser proprietária do imóvel, por usucapião, desde 1998.

Efetivamente, se se concluir que Gabriela adquiriu, por usucapião, a propriedade do imóvel, a sua oposição será procedente, em virtude da eficácia retroativa da usucapião à data do início da posse (artigo 1288.º do Código Civil) e da consequente extinção da obrigação de pagamento das rendas, por confusão (artigos 868.º e seguintes do Código Civil).

Nos termos do disposto no artigo 1287.º do Código Civil, prevê-se que a "*posse do direito de propriedade ou de outros direitos reais de gozo, mantida por certo lapso de empo, faculta ao possuidor, salvo disposição em contrário, a aquisição do direito a cujo exercício corresponde a sua atuação*".

Assim, em primeiro lugar, para haver usucapião de Francisca é necessário que a sua posse se reporte a um direito usucapível: o direito de propriedade ou outro direito de gozo (com as exceções previstas no artigo 1293.º do Código Civil). Ora, entre 1998 e 2018 a posse de Francisca relativamente ao apartamento não se reportou a um direito usucapível, especificamente ao direito de propriedade, mas sim a um direito pessoal de gozo. A circunstância de Gabriela ter deixado, a partir de 1998, de pagar as rendas não alterou a sua situação possessória relativamente ao apartamento. Permaneceu possuidora do mesmo, nos termos de um direito pessoal de gozo de locação, ainda que incumprindo a sua obrigação de pagamento das rendas.

Ainda face aos dados do caso prático, será correto afirmar que somente em 2018 Gabriela passou a exercer poderes sobre o apartamento nos termos correspondentes ao de um proprietário.

Uma das causas de aquisição da posse é a inversão do título da posse [artigo 1263.º, al. *d*), do Código Civil], que ocorre por um de dois modos: por oposição do detentor do direito contra aquele em cujo nome possuía, ou por ato de terceiro capaz de transferir a posse (artigo 1265.º do Código Civil). Até 2018, Francisca tinha o *corpus* do apartamento, possuindo, nos termos do direito de propriedade, em nome de Gabriela. Contudo, a partir desse ano, verifica-se uma oposição de Francisca a Gabriela, uma vez que, continuando a incumprir a obrigação de pagar as rendas acordadas, fá-lo sob o motivo de ser a proprietária da coisa locada. Isto é, passando a afirmar uma posse em nome próprio nos termos do direito de propriedade. Se, até então, o não cumprimento da obrigação de pagar as rendas não revelava inequivocamente uma oposição ao proprietário, a partir do momento em que é acompanhado da justificação de que não é efetuado por Francisca ser a proprietária do apartamento (por suposta usucapião), não subsistem dúvidas quanto a tal oposição.

Assim, uma vez que, apenas em 2018, Francisca passou a ser possuidora do apartamento nos termos do direito de propriedade, somente poderia, com sucesso, iniciar-se a contagem do prazo para a aquisição desse direito, por usucapião, a partir desse ano (artigo 1290.º, *in fine*, do Código Civil). Adicionalmente, por se tratar de um imóvel (artigo 204.º do Código Civil), por não haver registo, nem do título, nem da mera posse, e por se encontrar de má-fé – uma vez que não ignorava, ao inverter o título da posse, que lesava o direito de propriedade de Gabriela –, a usucapião só se poderia dar no termo de 20 anos corridos desde a inversão do título. Ou seja, em 2038 (artigo 1296.º, *in fine*, do Código Civil).

Concluindo, a posição de Francisca, no que diz respeito à aquisição do direito de propriedade, por usucapião, é improcedente.

6. POSSE – CONSTITUTO POSSESSÓRIO

VÍTOR PALMELA FIDALGO

Alexandre, amante de livros, encontrou na loja do Alfarrabista Bernardino uma versão bastante antiga, mas bem conservada, de um dos seus livros favoritos de Eça de Queiroz, "O Conde de Abranhos". Como iria viajar no dia seguinte para fora de Portugal, Alexandre, após comprar o livro, pede a Bernardino para o guardar, tendo ficado combinado que o iria buscar na semana seguinte.

Acontece que, Alexandre, por falta de tempo e por desleixo, nunca passou pela loja para trazer o livro, o que fez com que Bernardino, acreditando que Alexandre já não tivesse interesse no livro, o colocasse novamente à venda e acabasse por o vender a Carlos 2 meses depois.

Responda fundamentadamente às perguntas seguintes tendo em conta os factos adicionais nelas pressupostos. Os factos pressupostos em cada questão não devem ser considerados na resposta às demais:

1) Após a celebração do contrato entre Alexandre e Bernardino, quem é o possuidor do livro?

A posse, que vem definida, ainda que de forma deficiente, no artigo 1251.º do Código Civil, pode ser adquirida de forma originária ou derivada. As formas de aquisição da posse vêm elencadas nos artigos 1263.º a 1265.º do Código Civil. Dentro dos factos constitutivos da posse, temos o apossamento (artigo 1263.º, *a*)) e a inversão do título da posse (artigos 1263.º, *d*), e 1265.º). No âmbito dos factos translativos, temos a tradição (artigo 1263.º, *b*)) e o constituto possessório (artigos 1263.º, *c*), e 1264.º).

Apesar de não ter existido entrega da coisa ao novo possuidor, a posse transferiu-se de forma derivada, através de constituto possessório (de cariz bilateral). O constituto possessório (artigo 1263.º, *c*)) é o inverso da *traditio brevi manu*. Neste último caso, o detentor passa a possuidor (por exemplo, o locatário que adquire o direito de propriedade do imóvel que detém). No caso do constituto possessório, embora continuando a ter a coisa consigo, o possuidor passa a detentor.

Nos termos do artigo 1264.º, n.º 1, são três os requisitos para se dar o constituto possessório:

i. Um negócio jurídico de transmissão de um direito real de gozo;
ii. Que o transmitente seja o atual possuidor;
iii. Uma causa jurídica para a detenção da coisa por parte do antigo possuidor.

No presente caso, todos os requisitos estão preenchidos, tendo-se Alexandre tornado possuidor através desta forma de aquisição derivada da posse. No que diz respeito ao primeiro requisito, foi celebrado entre Alexandre e o alfarrabista Bernardino um contrato de compra e venda para a transmissão da coisa móvel não sujeita a registo, o livro, tendo esse negócio sido válido. Adicionalmente, Bernardino era o antigo possuidor da coisa, pelo que poderia transmitir a posse a outrem. Por fim, existe ainda causa jurídica para a detenção da coisa por parte de Bernardino. No presente caso, o comprador – Alexandre – celebrou, simultaneamente com a venda, um outro contrato com o vendedor – Bernardino –, mais concretamente, um contrato de depósito (artigo 1185.º e seguintes do Código Civil). O contrato de depósito, pelo seu objeto, requer a atuação material por parte de Bernardino, e é este contrato que legitima a detenção da coisa nos termos do artigo 1253.º, *c*), do Código Civil.

Em suma, após a celebração do contrato com Bernardino, Alexandre torna-se possuidor por constituto possessório, passando Bernardino, pela celebração do contrato de depósito, a mero detentor nos termos do direito de propriedade, e, acrescentaríamos, possuidor nos termos do direito pessoal de gozo em que consiste o depósito (posse interdictal). A posse de Alexandre é causal, pois este é titular do direito real de propriedade a que a posse se reporta; é civil, pois a posse reporta-se a um direito real de gozo; é não efetiva, pois está desacompanhada do *corpus*; é titulada, uma vez que é fundada num modo legítimo de adquirir (artigo 1259.º, n.º 1, do Código Civil); é de boa-fé, pois não lesa direitos de outrem (artigo 1260.º, n.º 1, do Código Civil); é pacífica, dado que foi adquirida sem violência (artigo 1261.º, n.º 1, do Código Civil); e, por fim, é pública, dado que se exerce de modo a poder ser conhecida pelos interessados (artigo 1262.º do Código Civil).

2) Quem é o titular do direito real de propriedade do livro?

Nos termos do artigo 408.º, n.º 1, do Código Civil, "a constituição ou transferência de direitos reais sobre coisa determinada dá-se por mero efeito do contrato, salvas as excepções previstas na lei". Está em causa o princípio da consensualidade, determinando-se que o direito real se transfere *solo consensu*, sem necessidade de outros atos, como o pagamento do preço ou a *traditio*.

Na presente hipótese, através da celebração do contrato de compra e venda, sendo o contrato válido aos níveis substancial e formal (princípio da causalidade), o direito de propriedade transferiu-se para a titularidade de Alexandre (artigos 408.º, n.º 1, 879.º, *a*), e 1317.º, *a*), do Código Civil), mesmo não tendo existido a entrega da coisa, que, na verdade, é apenas um efeito obrigacional do contrato de compra e venda (artigo 879.º, *b*), do Código Civil).

Neste sentido, a compra e venda celebrada entre Bernardino e Carlos não é válida, pois é uma venda de bens alheios, sendo nula nos termos do artigo 892.º do Código Civil, mantendo Alexandre a titularidade do direito real de propriedade.

3) Alexandre pode reagir contra Carlos para reaver o livro?

De acordo com a factualidade descrita no presente caso prático, devido à inércia de Alexandre, Bernardino acabou por celebrar um novo contrato de compra e venda, desta vez com Carlos. Conforme vimos na resposta à questão anterior, uma vez que o direito real de propriedade se transferiu com o mero acordo entre as partes (artigo 408.º, n.º 1, do Código Civil), o negócio celebrado por Bernardino constitui uma venda de bens alheios (artigo 892.º do Código Civil), sendo nulo e, por esse motivo, não produzindo quaisquer efeitos. Neste sentido, sendo Alexandre titular do direito real de propriedade, poderá recorrer à ação de reivindicação, prevista no artigo 1311.º do Código Civil, tendo, para o efeito, de provar a titularidade do direito real de propriedade sobre o livro – Alexandre beneficia da presunção legal da posse, presente no artigo 1268.º, n.º 1, do Código Civil –, bem como pedir a restituição da coisa.

Ainda que, através do contrato celebrado entre Bernardino e Carlos, não tenha existido a transferência do direito real, a nível possessório, Carlos obteve a posse do livro nos termos do direito de propriedade, através de Bernardino, por tradição material da coisa (artigo 1263.º, b), do Código Civil). Isto sucede, uma vez que, ao colocar novamente o livro à venda, Bernardino inverteu o título da posse, tornando-se possuidor nos termos dos artigos 1263, d) e 1265.º, dado que praticou um ato de oposição contra o possuidor, Alexandre. Este ato de Bernardino constitui um esbulho, neste caso jurídico, pois existiu a privação da coisa por ato de terceiro contra a vontade do possuidor.

Sem embargo, é importante referir que a posse do esbulhado não se extingue no momento do esbulho. Nos termos do artigo 1267.º, n.º 1, *d*), do Código Civil, o possuidor esbulhado só perde a posse um ano após o esbulho. Esta cominação jurídica tem como objetivo proteger o esbulhado, dando-lhe a possibilidade de se defender através das ações possessórias. Neste sentido, Alexandre poderá recorrer igualmente à ação possessória de restituição, prevista no artigo 1278.º, n.º 1, do Código Civil, para reaver a coisa, contudo, nos termos do artigo 1281.º, n.º 2, *in fine*, não sendo Carlos o esbulhador nem tendo recebido a posse por herança, a ação só seria procedente se este estivesse de má-fé, *id est*, tivesse conhecimento do esbulho. Caso não estivesse de má-fé, a ação não seria procedente dada a ausência de legitimidade passiva.

4) Imagine que, após a celebração do contrato de compra e venda do livro com Alexandre, Bernardino era esbulhado por um terceiro. Bernardino poderia reagir?

Conforme vimos na resposta à primeira questão, na medida em que a posse foi transferida para Alexandre pelo constituto possessório (artigos 1263.º, *c*) e 1264.º do Código Civil), Bernardino passou a ser detentor nos termos do artigo 1253.º, *c*), do Código Civil. Sendo detentor, poder-se-á afirmar, à primeira vista, que Bernardino não beneficia da tutela possessória presente no artigo 1276.º e seguintes do Código Civil. Não obstante, dado que Alexandre celebrou com Bernardino um contrato de depósito, este último tem a denominada posse interdictal, nos termos do direito pessoal de gozo, beneficiando, por isso, da tutela possessória, neste caso, prevista no artigo 1188.º, n.º 2, do Código Civil.

Em face do exposto, Bernardino, sendo esbulhado por um terceiro, poderá recorrer à ação de restituição para reaver a posse da coisa.

7. CONSTITUTO POSSESSÓRIO

JOSÉ ALBERTO VIEIRA

Alexandre, comerciante de automóveis, concluiu com Beatriz a venda de dois carros de que era proprietário: um Mercedes e um BMW. O primeiro destes carros estava em exposição e era o único do modelo em causa, razão pela qual, Alexandre pediu a Beatriz durante as negociações que o deixasse ficar mais 3 semanas no seu *stand* de vendas, o que a segunda acedeu, ficando isso expressamente convencionado no contrato.

Quanto ao demais, as partes limitaram-se a convencionar o preço de cada um dos carros, € 50.000,00 por cada um e o pagamento a pronto no acto de celebração dos contratos.

Concluídos os contratos Beatriz pagou o preço total de ambos os carros, mas Alexandre apenas veio a entregar o Mercedes no prazo convencionado, nunca entregando o BMW.

Beatriz quer agora saber qual a sua posição jurídica quanto aos carros comprados a Alexandre.

Quid iuris?

RESOLUÇÃO:

– A venda de cada um dos carros determina a transmissão da propriedade para a compradora. A coisa – cada uma delas – pertence ao vendedor (coisa presente), encontra-se determinada e tem individualidade, pelo que tem aplicação o disposto no art. 408.º, n.º 1 do Código Civil, em articulação com o art. 879.º, alínea a) do mesmo Código;

– Por força da compra e venda, Beatriz torna-se proprietária dos automóveis. O facto translativo reside no contrato e o momento da transmissão de ambos os direitos de propriedade coincide com a conclusão desse contrato;

– A aquisição de Beatriz equivale à perda, por transmissão, dos direitos até aí de Alexandre;

– No que respeita à posse, a hipótese diferencia a situação atinente a cada um dos carros. Com efeito, no tocante ao Mercedes as partes convencionaram uma cláusula de constituto, o que determina a aplicação do preceituado no art. 1264.º, n.º 1 do Código Civil;

– O constituto possessório, uma forma antiga de *traditio ficta,* vem autonomizado no Direito português como facto translativo da posse. A sua aplicação supõe o acordo das partes quanto à entrega da coisa (cláusula de constituto), a "causa" a que se alude no mencionado art. 1264.º, n.º 1 do Código Civil;

– Celebrado o contrato de compra e venda do Mercedes, para além da propriedade, transmite-se a posse do vendedor para o comprador. O facto translativo é o constituto possessório;

– Por força da compra e venda, e no momento de conclusão deste contrato, Beatriz, para além de proprietária, torna-se possuidora nos termos da propriedade. A sua posse é causal, titulada, de boa fé, pública e pacífica;

– As coisas são diferentes quanto ao BMW. Não havendo neste caso cláusula de constituto, a posse permaneceu com o vendedor, apesar da perda do direito de propriedade (não esquecer, posse e propriedade são situações jurídicas independentes). A posse de Alexandre passou a ser formal, mas nem por isso ele deixa de ser possuidor nos termos da propriedade;

– Para além da defesa obrigacional por meio de uma acção de cumprimento para entrega da coisa e de execução para entrega de coisa certa, a defesa real de Beatriz passa somente pela reivindicação da coisa a Alexandre (art. 1311.º do Código Civil).

8. POSSE PROMITENTE-COMPRADOR

VÍTOR PALMELA FIDALGO

Em 10 de janeiro de 2010, António celebrou um contrato-promessa com Bela, para a compra de uma fração de um prédio sito em Cascais, tendo este sido entregue, desde logo, a António, que começou a habitar no mesmo, procedendo à realização de algumas obras de remodelação, bem como à contratação dos serviços de gás, de eletricidade e de televisão por cabo. Na data da celebração do contrato, António pagou metade do preço acordado, especificamente 50 mil euros, tendo sido estipulado o pagamento do remanescente para o dia 1 de maio de 2011, data da outorga que deveria ser seguida da celebração da escritura pública. Contudo, em fevereiro de 2016, Bela, observando a valorização do prédio, decide aliená-lo a Carla, que procede ao pagamento, de imediato, de 350 mil euros. Carla, após pagar o preço a Bela, decide intentar uma ação de reivindicação contra António.

Quid iuris?

No presente caso colocam-se várias questões, nomeadamente com relação ao promitente-comprador. Nos termos do artigo 410.º do Código Civil, é possível celebrar um contrato-promessa oneroso para aquisição de um bem imóvel. *In casu*, como estamos perante promessa respeitante à celebração de contrato oneroso de transmissão de direito real, o documento titulado deve conter o reconhecimento presencial das assinaturas do promitente e a certificação, pela entidade que realiza o reconhecimento, da existência da respetiva licença de utilização.

O contrato-promessa de transmissão ou constituição de direitos reais sobre bens imóveis ou móveis sujeitos a registo poderá ter eficácia real, constituindo, assim, um direito real de aquisição. Para tal, nos termos do artigo 413.º, n.º 1, do Código Civil, é necessário que o carácter real seja declarado expressamente no contrato, bem como haja inscrição desse mesmo efeito no registo predial. No presente caso, não havendo declaração expressa, o contrato-promessa para a transmissão do imóvel tem apenas eficácia obrigacional, não podendo António opor o contrato-promessa a Carla.

Através do enunciado do caso, verificamos ainda que, apesar de António e Bela terem celebrado um contrato-promessa de compra e venda, se deu a tradição da coisa prometida para o promitente-comprador, António, que começou a habitar na fração, procedendo à realização de algumas obras de remodelação, bem como à contratação dos serviços de gás, de eletricidade e de televisão por cabo". Havendo *traditio*, discute-se a qualificação, em termos possessórios, da posição do promitente-comprador. Apesar de ser uma questão controvertida, somos da opinião de que, havendo tradição simbólica, através da entrega das chaves – e não pela disponibilização material da coisa por mera tolerância – se verifica um dos modos de aquisição derivada da posse, particularmente o presente no artigo 1263.º, *b*), do Código Civil, perdendo o transmitente a mesma por cedência (artigo 1267.º, *c*)). António é assim possuidor, sendo a sua posse exercida nos termos do direito de propriedade.

António beneficia, assim, de todos os efeitos da posse previstos no artigo 1268.º e seguintes do Código Civil, destacando-se a presunção de que é o proprietário da coisa prometida vender, a tutela possessória e a possibilidade de usucapir o direito de propriedade. Contudo, relativamente à possibilidade de usucapião, uma vez que não atingiu o prazo legal, António não poderia invocar a usucapião nos termos do artigo 1287.º e seguintes do Código Civil. Da mesma forma, tendo-se dado a transmissão do direito real de propriedade para Carla (artigo 408.º, n.º 1, do Código Civil), e não sendo António titular de um direito real de aquisição, significa que uma eventual ação de António intentada contra Carla (artigo 1276.º do Código Civil) não prevalecerá à invocação do direito real de propriedade por parte desta.

Restará, assim, a António fazer uso do direito de retenção. António beneficiará tanto do direito de retenção "comum", nos termos do artigo 754.º do Código Civil, pelas obras de remodelação efetuadas no imóvel, como do regime especial presente no artigo 755.º do Código Civil, pelo crédito resultante do cumprimento imputável a Bela, nos termos do artigo 442.º do Código Civil.

O direito de retenção constitui um direito real de garantia, traduzindo-se na faculdade de o titular do mesmo, obrigado a entregar certa coisa, poder manter a mesma em seu poder enquanto não for cumprido um crédito que tem sobre o titular dessa coisa. O regime do direito de retenção, quanto à execução da garantia, é o da hipoteca (artigo 759.º, n.º 1, do Código Civil). Se, eventualmente, a fração estivesse hipotecada, o direito de retenção iria prevalecer sempre sobre a hipoteca (artigo 759.º, n.º 2, do Código Civil). Não obstante, ao contrário da hipoteca, o direito de retenção não carece de ser registado para produzir efeitos.

Adicionalmente, ainda que estejamos perante uma garantia real, o exercício do direito de retenção não altera a faculdade de o promitente, neste caso António, gozar e fruir da coisa.

A ação de reivindicação intentada por Carla resulta do facto de, com a celebração do contrato de compra e venda do imóvel, e mesmo não tendo havido a entrega da coisa, o direito real de propriedade se ter transmitido para o adquirente, nos termos dos artigos 408.º, n.º 1, e 1317.º, al. *a*), do Código Civil (Princípio da Consensualidade). Na presente hipótese, a ação de reivindicação não seria procedente, uma vez que António era titular de um direito real de garantia que lhe permitia permanecer com a coisa em seu poder, até que fosse pago o crédito resultante do não cumprimento do contrato-promessa celebrado. De facto, sendo António titular de direito real, de acordo com o princípio da absolutidade, este poderá opô-lo a qualquer terceiro. Está aqui em causa a oponibilidade *erga omnes* dos direitos reais, podendo António valer o seu direito contra qualquer terceiro.

9. PENHOR E POSSE INTERDICTAL

VÍTOR PALMELA FIDALGO

Manuelzinho era um menino de coração mole: tudo o que a namorada pedia, ele dava. Desejoso de levar a sua amada a um concerto de uma banda brasileira conhecida, Manuelzinho empenhou a favor de Daniel um colar de pérolas que recebeu de herança de sua avó, recebendo em troca uma "simpática" quantia monetária a título de empréstimo.

Acontece que, um mês após a celebração do contrato, Daniel foi furtado por Elisa, que se arroga ser a verdadeira dona do colar de pérolas, mas que não demonstra qualquer título para o efeito.

Responda fundamentadamente às perguntas seguintes tendo em conta os factos adicionais nelas pressupostos. Os factos pressupostos em cada questão não devem ser considerados na resposta às demais:

1) Daniel poderá reagir contra o ato de Elisa?

2) Manuelzinho e Daniel poderiam acordar que este último ficaria proprietário da coisa empenhada caso existisse incumprimento?

3) Arrogando-se Elisa proprietária, o que deverá ela fazer para provar a titularidade desse direito?

RESOLUÇÃO:

1) Está em causa a constituição de um penhor com desapossamento, através da tradição da coisa a favor de Daniel, o credor pignoratício, nos termos do artigo 669.º, n.º 1, do Código Civil. O penhor de coisas, como é o caso, constitui um direito real de garantia, atribuindo ao credor preferência na satisfação do seu crédito pelo valor de certos bens determinados, sendo que o seu objeto recai apenas em coisas móveis, desde que estas não sejam suscetíveis de hipoteca, *id est*, não poderá ter como objeto automóveis, navios e aeronaves (artigos 666.º, n.º 1, e 668.º do Código Civil).

Nos termos do artigo 670.º, *a*), do Código Civil, o credor pignoratício tem o direito de usar, com relação à coisa empenhada, das ações destinadas à defesa da posse, ainda que seja contra o próprio dono da coisa. Deste modo, Daniel poderia reagir contra o esbulho de Elisa, que se deu através do apossamento (artigos 1263.º, *a*) e 1267.º, n.º 1, *d*), do Código Civil), através de uma ação de restituição, nos termos do artigo 1278.º, n.º 1, do Código Civil.

Tendo em conta o referido, questiona-se se o credor pignoratício tem posse. A resposta é afirmativa, contudo, esta será interdictal, na medida em que não terá a possibilidade de beneficiar de outros efeitos da posse, como a usucapião, benfeitorias ou frutos, sendo que, com relação ao direito de propriedade, Daniel será um mero detentor (artigo 1253.º, *c*), do Código Civil). Desta feita, Daniel terá uma posse com referência ao seu direito real de garantia, que apenas lhe irá atribuir uma tutela possessória, tal como sucede na tutela possessória atribuída aos titulares de outros direitos reais de garantia, como é o direito de retenção (artigos 758.º e 759.º, n.º 3, do Código Civil), ou titulares de direitos pessoais de gozo, como é o caso do locatário (artigo 1037.º, n.º 2, do Código Civil), do comodatário (artigo 1133.º, n.º 2, do Código Civil), do depositário (artigo 1188.º, n.º 2, do Código Civil) e do parceiro pensador (artigo 1125.º, n.º 2, do Código Civil). O possuidor, nos termos do direito de propriedade, mesmo após a entrega do colar de pérolas a Daniel, continua a ser Manuelzinho.

2) O pacto comissório consiste numa convenção pela qual o credor pode fazer seus os bens que lhe tenham sido dados em garantia em caso de incumprimento do devedor.

No penhor, a regra é a sua venda processual, sendo proibido o pacto comissório, aplicando-se o artigo 694.º do Código Civil, referente à hipoteca, por força do artigo 678.º do mesmo código. Pretende-se proteger, assim, o devedor da possível extorsão do credor, bem como da não defraudação do regime das garantias reais.

Em consequência, a celebração de um acordo desta natureza entre Manuelzinho e Daniel seria nulo à luz das referidas disposições, não produzindo quaisquer efeitos.

3) Elisa fundamenta o esbulho do colar de pérolas, invocando que é titular do direito real de propriedade sobre o mesmo. Arrogando-se titular do direito de propriedade sobre o colar de pérolas, Elisa deveria ter intentado uma ação de reivindicação contra Daniel, nos termos do artigo 1311.º, n.º 1, do Código Civil. Contudo, realizado o esbulho e já tendo a coisa na sua posse, a ação correta será a ação confessória. A ação confessória consiste numa ação de simples apreciação positiva (artigo 10.º, n.º 3, *a*), do Código de Processo Civil), sendo que Elisa terá de provar o facto aquisitivo do direito real, reconstituindo a cadeia de titulares anteriores até uma aquisição originária. Ora, não tendo Elisa melhor posse do que Manuelzinho e Daniel (artigo 1278.º, n.ºs 2 e 3, do Código Civil), o efeito presuntivo da posse, presente no artigo 1268.º, n.º 1, do Código Civil, não se lhe aproveitará.

Se se provar que Elisa é a proprietária do colar, todas as transmissões ocorridas entretanto serão inválidas, mais especificamente nulas, pois constituem venda de bens alheios (artigo 892.º do Código Civil). Está em causa o carácter absoluto dos direitos reais e a sua consequência, a sequela, podendo o titular do direito real fazer valê-lo contra qualquer terceiro que detenha a coisa sem fundamento para tal.

10. ACESSÃO DA POSSE

VÍTOR PALMELA FIDALGO

Em 10.02.2014, Aníbal – sem muitas condições financeiras, mas desejoso de agradar à sua amada Beatriz – decidiu adquirir de Carlos uma corrente de ouro, estilo veneziano, de 18k, a "preço de amigo", oferecendo-a a Beatriz no seu aniversário de 40 anos, no dia 27.02.2014. Contudo, a felicidade durou pouco: Beatriz, para fazer face às crescentes despesas caseiras, teve de vender a corrente a Daniela, tendo a compra e venda sido celebrada no dia 15.01.2017. Acontece que, 1 mês depois, Daniela foi surpreendida por Elisa, que diz ser a verdadeira proprietária da corrente, acusando Carlos de a ter furtado em janeiro de 2014, sendo que Aníbal teria pleno conhecimento desse acontecimento. *Poderá Daniela fazer alguma coisa para manter a corrente de ouro?*

RESOLUÇÃO:

Na presente hipótese prática teremos de verificar como Daniela poderá reagir, especialmente tendo em conta que Elisa se arroga como verdadeira titular do direito de propriedade sobre a corrente de ouro.

Se Elisa intentar uma ação de reivindicação (artigo 1311.º do Código Civil), terá de provar o facto aquisitivo, válido e eficaz do direito de propriedade sobre a corrente de ouro. Não sendo possuidora, nem havendo qualquer registo – pois estamos perante uma coisa móvel não sujeita a registo – a prova por parte de Elisa poderá ser bastante onerosa, pois terá de reconstruir toda a cadeia dos adquirentes anteriores até uma aquisição originária. Se se provar que esta era a titular do direito de propriedade, todas as transmissões posteriores por terceiros serão inválidas, mais especificamente nulas, pois constituem venda de bens alheios (artigo 892.º do Código Civil). Está em causa o carácter absoluto dos direitos reais e a sua consequência, a sequela, podendo o titular do direito real fazer valê-lo contra qualquer terceiro que detenha a coisa ilicitamente.

Porém, na eventualidade de Daniela não ser a proprietária da corrente, ainda assim era possuidora da coisa nos termos do direito de propriedade.

Uma posse formal, pois não era titular do direito real de propriedade a que a posse se reporta; civil, pois a posse reporta-se a um direito real de gozo; efetiva, na medida em que a posse é acompanhada do *corpus* possessório; titulada, pois é fundada num modo legítimo de adquirir – uma doação de bens alheios, ainda que nula (artigo 1259.º, n.º 1, do Código Civil) –; de boa-fé, pois ignorava, ao adquiri-la, que lesava o direito de outrem (artigo 1260.º, n.º 1, do Código Civil); pacífica, dado que foi adquirida sem violência (artigo 1261.º, n.º 1, do Código Civil); e pública, considerando que se exerce de modo a poder ser conhecida pelos interessados (artigo 1262.º do Código Civil).

Sendo possuidora, poderemos sempre indagar se Daniela poderá adquirir o direito de propriedade de forma originária através da usucapião. De facto, uma das funções da posse é a consolidação da posição jurídica existente, consubstanciando-se na possibilidade de o possuidor adquirir o direito real a que a posse se reporta, invocando o instituto da usucapião. Para que se adquira, de forma originária, o direito real através da usucapião, terão de se preencher três requisitos: uma posse boa para usucapir, i.e., pública e pacífica (artigos 1300.º e 1297.º do Código Civil); a decorrência do prazo legal estabelecido (artigo 1299.º do Código Civil); e a invocação da usucapião (artigos 1292.º e 303.º do Código Civil), sendo que, uma vez invocada, os seus efeitos retroagem à data do início da posse (artigo 1288.º do Código Civil).

No caso em apreço, sendo Daniela possuidora da coisa apenas há um mês, esta não poderá invocar a usucapião, dado que o prazo legal, que é de 3 anos nos termos do artigo 1299.º do Código Civil, *primeira parte*, ainda não foi atingido. Não obstante, tendo adquirido a posse de forma derivada, nos termos do artigo 1263.º, *b*), do Código Civil, Daniela poderá optar por juntar a sua posse à posse do anterior possuidor nos termos do artigo 1256.º, n.º 1, do Código Civil (Acessão da Posse). A utilidade da acessão da posse reside na possibilidade de invocação da usucapião, uma vez que o possuidor não fica limitado ao seu tempo de posse.

Apesar de a norma referir "antecessor", não há nenhuma razão teleológica para excluirmos a junção de posses dos antecessores, desde que a transmissão das mesmas tenha sido derivada – o que sucedeu no presente caso prático – e, ainda, que não se junte a posse daquele contra quem se pretende invocar a usucapião. Não obstante, teremos ainda de levar em consideração o n.º 2 do mesmo artigo, que refere que "se, porém, a posse do antecessor for de natureza diferente da posse do sucessor, a acessão só se dará dentro dos limites daquela que tem menor âmbito". Isto significa que, caso Daniela queira juntar à sua posse as posses dos anteriores possuidores, Beatriz e Aníbal, terá de se discernir sobre a natureza e os caracteres das posses dos antecessores, dado que uma posse distinta poderá influir nos prazos de usucapião. Ora, embora as posses anteriores tenham a mesma natureza, i.e., sejam exercidas no âmbito do direito real de propriedade, pelo enunciado do presente caso, os seus caracteres parecem ser diferentes. Será o caso da posse de Aníbal que, ao adquiri-la, sabia que estava a lesar o direito de outrem, levando a que a sua posse seja considerada de má-fé, nos termos do artigo 1260.º, n.º 1, do Código Civil, *a contrario*. Deste modo, a junção da posse de Daniela à posse de Aníbal fará com que a posse de Daniela, para efeitos de usucapião, seja considerada de má-fé, o que irá, consequentemente, aumentar o prazo de usucapir para seis anos, nos termos do artigo 1299.º, *segunda parte*, do Código Civil.

Destarte, olhando para os prazos descritos no caso prático, se Daniela juntar apenas a posse de Beatriz, ainda que a mesma seja de boa-fé e haja um *justo título*, o prazo de três anos para a invocação da usucapião não é atingido.

Em suma, sem poder recorrer, com sucesso, à usucapião, restará a Daniela entregar o bem a Elisa, se esta provar ser titular do direito real de propriedade sobre a corrente. Se Elisa não o fizer, prevalecerá sempre o efeito presuntivo da posse, presente no artigo 1268.º, n.º 1, do Código Civil, presumindo-se, assim, que Daniela é titular do direito de propriedade.

11. POSSE E AÇÕES REAIS

TIAGO SOARES DA FONSECA

António encontrava-se a viajar de metro, quando reparou que Bento, sentado duas cadeiras ao seu lado, deixou o telemóvel na cadeira situada entre os dois. Julgando-o abandonado, António guardou discretamente o telemóvel no bolso do casaco, saindo prontamente da carruagem na paragem seguinte.

Responda fundamentadamente às perguntas seguintes tendo em conta os factos adicionais nelas pressupostos.

1) *António é proprietário do telemóvel?*

2) *E possuidor?* Em caso afirmativo, indique de que modo tal aconteceu e caracterize a posse de António.

3) Três meses depois, Bento encontra António a falar com o seu telemóvel, tendo-o reconhecido em virtude de uma marca que o mesmo tinha. António pretende reaver o seu telemóvel. *Poderá fazê-lo? Em caso afirmativo, de que modo?*

4) *A resposta anterior mudaria se Bento apenas tivesse encontrado António com o seu telemóvel no final do ano seguinte a ter sido esbulhado?*

5) Quatro meses depois, Bento encontra Carlos a falar com o seu telemóvel. Veio a apurar-se que Carlos comprou o telemóvel a António, tendo este informado o primeiro de que tinha ganho o aparelho num concurso, não encontrando a respetiva garantia. António pretende reaver o telemóvel de Carlos. *Poderá fazê-lo? Se sim, de que modo?*

RESOLUÇÃO:

1) *António é proprietário do telemóvel?*

O direito de propriedade adquire-se por contrato, sucessão por morte, usucapião, ocupação, acessão e demais modos previstos na lei (artigo 1316.º do Código Civil).

Por sua vez, podem ser adquiridos por ocupação os animais e outras coisas móveis que nunca tiveram dono, ou foram abandonados, perdidos ou escondidos pelos seus proprietários, salvas as restrições previstas nos artigos 1319.º e seguintes do Código Civil (artigo 1318.º do Código Civil).

O telemóvel de Bento é coisa móvel (artigos 203.º e 204.º, n.º 1, do Código Civil). Assim, no caso em apreço, atendendo aos dados da hipótese, deve equacionar-se a eventual aquisição do direito de propriedade do mesmo por ocupação.

A aquisição do direito de propriedade por ocupação no presente caso pressupõe, por um lado, a apreensão material da coisa (telemóvel) e, por outro, que a mesma, além de móvel, seja *nullius*.

Quanto ao primeiro pressuposto, este encontra-se preenchido: António atuou de modo a efetuar uma apreensão material da coisa, passando-a para a sua esfera de controlo.

Já relativamente ao segundo pressuposto, não estaremos perante uma coisa *nullius* por abandono. Para existir um efetivo abandono, teria de se concluir pela exteriorização de uma conduta de Bento que revelasse uma vontade de perder o controlo material sobre o telemóvel e, eventualmente, ainda que de modo tácito, de renúncia ao direito de propriedade correspondente a tal controlo. Por exemplo, se Bento tivesse deitado o telemóvel para um recipiente do lixo. Ora, Bento limitou-se a pousar o seu telemóvel numa cadeira de metro contígua à cadeira onde se encontrava sentado. O que permite inferir a possibilidade de, a qualquer momento, retomar a atuação material sobre o aparelho. Termos em que, segundo um critério de normalidade social, tal conduta não é apta a que se infira da mesma, contrariamente ao que António considerou, um abandono do telemóvel.

Não se encontrando o telemóvel abandonado, a apreensão material do mesmo por António não constitui um modo de aquisição do direito de propriedade.

Concluindo, António não é proprietário do telemóvel.

2) *É possuidor?* Em caso afirmativo, indique de que modo tal aconteceu e caracterize a posse de António.

Posse é o poder que se manifesta quando alguém atua por forma correspondente ao exercício do direito de propriedade ou de outro direito real (artigo 1251.º do Código Civil).

Ao fazer seu o telemóvel, guardando-o no bolso do casaco, António atua de forma correspondente à de proprietário do telemóvel (artigo 1305.º do Código Civil).

O artigo 1263.º do Código Civil elenca os diferentes modos de aquisição da posse. A saber: o apossamento, a tradição da coisa, o constituto possessório e a inversão do título da posse.

No caso em apreço, atendendo aos dados da hipótese, deverá equacionar-se a aquisição da posse por apossamento.

Existe posse adquirida por apossamento quando se verifica a prática reiterada, com publicidade, de atos materiais correspondentes ao exercício do direito [artigo 1263.º, al. *a*), do Código Civil].

António pratica um ato material, traduzido numa apreensão física da coisa, deslocando-a da esfera de controlo de Bento para a sua esfera de controlo. Ao colocar o aparelho no bolso do seu casaco, António passou a ter, de forma exclusiva, o controlo material do telemóvel.

O ato de António não consistiu numa prática reiterada, mas num ato isolado. No entanto, o sentido da lei não é o de afastar a posse por apossamento consumada num único ato sempre que o mesmo, apesar de isolado, permitir inferir um controlo material da coisa por quem assim atuou. É o caso da hipótese. Com efeito, apesar da singularidade do ato de guardar o telemóvel de outrem no bolso de um casaco, tal conduta tem a intensidade suficiente para que António adquira o controlo do aparelho, podendo afirmar-se que, a partir de então, António atua duradouramente sobre o mesmo.

Por fim, exige-se ainda a publicidade dos atos materiais. Também aqui, à semelhança da prática reiterada, o sentido legal é somente o de recusar a posse por apossamento quando a mesma, por falta de publicidade, não permita concluir pela existência de um controlo material da coisa pelo autor do ato material. Nas demais situações, sempre que se possa concluir pela existência desse controlo material, ainda que não publicitado, há apossamento. É o caso da hipótese e, aduz-se, da generalidade das situações de obtenção do controlo material da coisa de outrem por furto. Ora, apesar de o ato de guardar o telemóvel de outrem no bolso ser um ato praticado ocultamente, no limite, sem possibilidade de o proprietário conhecer do mesmo, tal atuação foi suficiente para António adquirir o controlo do aparelho.

Concluindo, António é possuidor, por apossamento.

De acordo com as diferentes espécies de posse previstas no Código Civil, podemos caraterizar a posse de António como não titulada, de má-fé, pacífica e oculta.

A posse de António é não titulada, uma vez que não se funda num modo legítimo de adquirir o direito a que se reporta a posse (artigo

1259.º, n.º 1, do Código Civil). Concretamente, para ser titulada, teria de se fundar num modo legítimo de adquirir o direito de propriedade (artigo 1316.º do Código Civil), fundando-se apenas num apossamento.

Sendo não titulada, a posse de António presume-se de má-fé (artigos 1260.º, n.º 2, e 349.º do Código Civil). Porém, apesar de ser uma presunção ilidível (artigo 350.º, n.º 2, do Código Civil), António não estaria em condições de demonstrar uma alegada boa-fé, isto é, de que ignorava, sem culpa, ao adquirir a posse, que lesava o direito de propriedade de outrem (artigo 1260.º, n.º 1, do Código Civil).

A posse de António é pacífica, uma vez que, sem recurso à violência, se limitou a proceder à apreensão material do telemóvel (artigo 1261.º, n.º 1, do Código Civil).

Por fim, a posse de António aparenta ser oculta, uma vez que não parece ser exercida de modo a poder ser conhecida pelos interessados, *rectius*, por Bento (artigo 1262.º do Código Civil). Nesse sentido, precisamente para evitar ser descoberto, António guardou discretamente o telemóvel no bolso do seu casaco e saiu prontamente da carruagem de metro onde também viajava o interessado, na primeira oportunidade que teve.

3) *Poderá fazê-lo? Em caso afirmativo, de que modo?*

António limitou-se, com a sua conduta, a adquirir a posse do telemóvel, posse essa exercida nos termos do direito real de gozo de propriedade. Não adquiriu a propriedade do telemóvel, por tal comportamento não se reconduzir a nenhum dos modos de aquisição do direito de propriedade previstos no artigo 1316.º do Código Civil. Tão-pouco a posse de António sobre o telemóvel constitui causa de aquisição do direito de propriedade, não valendo no Direito português a regra de que a posse vale título, mas apenas a presunção de titularidade do direito de propriedade, nos termos do artigo 1268.º, n.º 1, do Código Civil.

Bento, enquanto proprietário do telemóvel, pode reagir perante a violação do direito, genericamente através de uma pretensão indemnizatória (artigos 483.º e seguintes do Código Civil), e especificamente através das ações reais, mais concretamente da ação de reivindicação, prevista nos artigos 1311.º e seguintes do Código Civil.

No que concerne à ação de reivindicação, Bento terá de alegar, e demonstrar, que é o proprietário do telemóvel (uma prova diabólica no caso de a aquisição da propriedade de Bento ser derivada, porquanto terá de reconstituir os factos até à aquisição originária) e que António, o atual possuidor, não é titular de qualquer direito que lhe permita ter o aparelho consigo. Sendo a ação procedente, António será condenado a restituir a Bento o telemóvel.

Por outro lado, quando António adquire a posse do telemóvel, o possuidor do mesmo era Bento. A consumação do esbulho perpetrado por António não determina automaticamente a extinção da posse de Bento. Nos termos do disposto no artigo 1267.º, n.º 1, al. *d*), do Código Civil, resulta que a posse de Bento só se extingue pela posse de António, mesmo contra a vontade de Bento, se a posse de António tiver durado mais de um ano. Deste modo, temporariamente, durante um ano, haverá uma sobreposição de posses: de um lado, uma posse efetiva de António, porquanto acompanhada do *corpus* do aparelho; de outro, uma posse não efetiva de Bento, desacompanhada do *corpus* do aparelho.

Bento, enquanto possuidor (temporário) do telemóvel, pode socorrer-se dos meios de tutela da posse, previstos nos artigos 1276.º e seguintes do Código Civil. Concretamente, perante os dados da hipótese, colocava-se o recurso à ação judicial de restituição da posse (artigo 1277.º, *in fine*, do Código Civil).

Passando à ação judicial de defesa da posse de Bento, a mesma deveria constituir uma ação de restituição da posse por haver esbulho de António, isto é, uma ação destinada a recuperar o controlo material sobre a coisa (artigo 1278.º do Código Civil). Na verdade, não estava em causa uma mera turbação da posse de Bento, caso em que a ação judicial apropriada seria uma ação de manutenção da posse. Assim, Bento, enquanto esbulhado, tinha legitimidade ativa para intentar essa ação contra o seu esbulhador António (artigo 1281.º, n.º 2, do Código Civil), estando em tempo de o fazer (artigo 1282.º do Código Civil).

Sendo proposta uma ação de defesa da posse, haverá um conflito judicial entre as posses de Bento e de António, isto é, entre a posse do esbulhador e a posse do esbulhado. Neste conflito, determina o artigo 1278.º, n.º 2, do Código Civil que, se a posse não tiver mais de um ano, o possuidor só pode ser restituído contra quem não tiver melhor posse. Preceitua o n.º 3 do artigo 1278.º do Código Civil, como primeiro critério de determinação da melhor posse, que é melhor posse a que for titulada.

Ora, uma vez que, do confronto entre a posse de António e a de Bento, apenas a de Bento será titulada, urge concluir que a melhor posse é a posse de Bento.

4) *A resposta anterior mudaria se Bento apenas tivesse encontrado António com o seu telemóvel no final do ano seguinte a ter sido esbulhado?*

Sim, mudaria.

Se Bento apenas tivesse encontrado António a falar com o seu telemóvel no final do ano seguinte a ter sido esbulhado, já teria perdido a posse, conforme resulta do artigo 1267.º, n.º 1, al. *d*), do Código Civil. Portanto, não poderia recuperar, com sucesso, o aparelho mediante uma ação possessória. Somente por via de uma ação real, *rectius*, uma ação de reivindicação (artigo 1311.º do Código Civil), a qual, nos termos do disposto no artigo 1313.º do Código Civil, não prescreve pelo decurso do tempo.

5) *Poderá fazê-lo? Se sim, de que modo?*

Quatro meses depois de ter sido esbulhado por António, Bento continua a ser o proprietário do telemóvel, assim como o seu possuidor, uma manifestação da inerência e sequela do direito real.

Relativamente ao direito de propriedade, não tendo António adquirido tal direito com o esbulho a Bento, a venda efetuada a Carlos é uma venda de bens alheios, por falta de legitimidade. A mesma é nula, de acordo com o artigo 892.º do Código Civil.

No que diz respeito à posse de Bento, apesar do esbulho de António e da posterior aquisição derivada da posse da coisa esbulhada por Carlos, Bento permanece possuidor até um ano depois do esbulho, nos termos do disposto no artigo 1267.º, n.º 1, al. *d*), do Código Civil. Consequentemente, Bento poderá atuar em relação a Carlos, quer através da ação de reivindicação (artigo 1311.º do Código Civil), quer através dos meios de defesa da posse (artigo 1278.º do Código Civil).

Relativamente à ação de reivindicação, dá-se por reproduzido, *mutatis mutandis*, o quanto alegado na hipótese 3.

No cenário de Bento reagir por via de uma tutela judicial da posse, a mesma não terá, em princípio, sucesso. Nos termos do disposto no artigo 1281.º, n.º 2, *in fine*, do Código Civil, a ação de restituição da posse pode ser intentada não só contra o esbulhador ou os seus herdeiros, mas ainda conta aquele que esteja na posse da coisa e tenha conhecimento do esbulho. Ora, se é correto que Carlos está na posse do telemóvel, também é verdade que Carlos não terá, ao que tudo indicia, conhecimento do esbulho. Tanto quanto é do conhecimento de Carlos, tratou-se de coisa comprada ao seu legítimo proprietário (e possuidor). Significa, portanto, que Carlos encontrar-se-ia de boa-fé, por desconhecer, sem culpa, que estaria a lesar o direito de Bento quando adquiriu a posse do telemóvel. Estando de boa-fé, não lhe é oponível a posse de Bento. A ação de restituição será, portanto, improcedente, se Carlos, demandado, excecionar, e demonstrar, o desconhecimento do esbulho. Nesse cenário, resta a Bento, para reaver o telemóvel, o recurso à ação de reivindicação.

12. POSSE E AÇÕES REAIS

TIAGO SOARES DA FONSECA

Álvaro, carteirista nos elétricos 15 e 28, estava a sair do elétrico, no final de uma semana de muito trabalho, com uma carteira *palmada*, no início da semana passada, a um turista chinês, quando Diogo lhe encosta uma arma às costas e, ameaçando-o de morte, lhe exige a entrega da carteira. Temendo pela vida, Álvaro entrega a carteira a Diogo. Posteriormente, mais calmo, intenta uma ação em tribunal, exigindo de Diogo a restituição da mesma.

Se tivesse de sentenciar esta ação, como decidiria?

RESOLUÇÃO:

Álvaro, esbulhador de um turista e possuidor da coisa, é, por sua vez, posteriormente esbulhado por Diogo. À semelhança da hipótese 1 do caso prático anterior, do mesmo modo que Álvaro não adquiriu a propriedade da carteira quando esbulhou o turista, Diogo também não quando esbulhou Álvaro.

Ao esbulhar Álvaro, Diogo torna-se possuidor da carteira, à semelhança do observado na hipótese 2 do caso prático anterior. Porém, com as seguintes particularidades.

Em primeiro lugar, quanto à aquisição da posse, Diogo tornou-se possuidor da carteira por tradição material da coisa (artigo 1263.º, al. *b*), do Código Civil). Com efeito, a mesma foi-lhe entregue por Álvaro.

Em segundo lugar, quanto aos carateres da posse, a posse de Diogo é uma posse violenta: para obtê-la, Diogo usou de coação física, nos termos do artigo 255.º do Código Civil (artigo 1261.º, n.º 2, do Código Civil). Álvaro foi ilicitamente ameaçado, na sua pessoa, por Diogo com o fim de obter do mesmo a tradição da carteira. A ameaça causou o medo que, por sua vez, teve como consequênciaa entrega da carteira.

Sabe-se que Álvaro intentou uma ação judicial nos termos da qual é pedida a restituição da carteira a Diogo. Desconhece-se, porém, a natureza dessa ação, o que seria relevante para aferir a decisão judicial a tomar.

Apesar de Álvaro não ser o proprietário da carteira, beneficia da presunção fundada na posse de que é o titular do direito (artigo 1268.º, n.º 1, do Código Civil). Poderia, pois, beneficiando de tal presunção legal, recorrer à ação de reivindicação, invertendo-se o ónus da prova e cabendo ao réu (Diogo) demonstrar que o autor (Álvaro) não era o titular do direito invocado (artigo 350.º do Código Civil). Não o fazendo, uma eventual reivindicação de Álvaro poderá ter sucesso.

Se o pedido de restituição da carteira tiver tido origem numa ação possessória, teríamos, à semelhança da hipótese 3 do caso prático anterior, um conflito de posses. *In casu*, entre a posse de Álvaro e a posse de Diogo. Não tendo a posse de Álvaro mais de um ano, só poderia ser restituído se tivesse uma melhor posse (artigo 1278.º, n.º 2, *in fine*, do Código Civil). Preceitua o n.º 3 do artigo 1278.º do Código Civil, como primeiro critério de determinação da melhor posse, que é melhor posse a que for titulada e, na falta de título, a mais antiga. Do confronto entre a posse de Álvaro e a de Diogo, nenhuma delas é titulada, pois nenhuma delas foi fundada num modo legítimo de adquirir a propriedade a que se reporta a posse: uma foi fundada no apossamento da coisa; outra na sua tradição material. Assim, a melhor posse é a que for mais antiga, sendo mais antiga a posse de Álvaro.

13. ACESSÃO

TIAGO SOARES DA FONSECA

Quando Rita acordou e abriu a janela, deparou-se no seu prédio com cinco bonitas bananeiras que não existiam na noite anterior. Depois de ler as notícias, Rita assumiu que as mesmas teriam sido deixadas por um violento tufão que por ali tinha passado, durante a madrugada. Satisfeita com a dádiva, no letreiro que Rita tinha à frente do seu terreno passou a ler-se "*vendem-se batatas e bananas*".

Quem não ficou agradado com o sucedido foi Sérgio, produtor de bananas num prédio a 300 metros de distância do prédio de Rita, de onde voaram cinco bonitas bananeiras de um dia para o outro.

Quid iuris?

RESOLUÇÃO:

A acessão é um dos modos de aquisição do direito de propriedade (artigo 1316.º do Código Civil). Dá-se, nos termos do disposto no artigo 1325.º do Código Civil, quando a coisa que é propriedade de alguém se une e incorpora a outra coisa que não lhe pertence.

No caso em análise, sabe-se que a propriedade do terreno é de Rita, sendo as bananeiras pertença de Sérgio. Assim, coloca-se a hipótese de uma eventual acessão. Para tanto, será necessário, em primeiro lugar, verificar a efetiva ocorrência de uma acessão, e, sendo a resposta afirmativa, identificar qual a espécie de acessão e o respetivo regime.

A acessão pressupõe, de modo expresso, no artigo 1325.º do Código Civil, a ligação material de duas (ou mais) coisas entre si. Neste caso, a combinação de duas coisas corpóreas sólidas distintas, uma na outra, ambas reconhecíveis mesmo depois da sua combinação: cinco bananeiras numa coisa imóvel. Podemos ainda acrescentar que a causa desta união foi uma causa natural, proveniente das forças da natureza: um tufão.

Porém, a acessão não se basta com a união/mistura de coisas. Pressupõe, adicionalmente, a inseparabilidade das coisas resultantes dessa união, conforme aflorado no regime da acessão industrial imobiliária – *v.*

g., artigos 1333.º, n.º 1, 1334.º, n.º 1, e 1335.º, n.º 1, do Código Civil –, mas extensível a todas as espécies de acessão. Uma inseparabilidade em sentido normativo (por contraposição a uma inseparabilidade em sentido estritamente naturalístico). Isto é, que a separação não seja possível, ou somente possível com prejuízo para ambas ou somente uma das coisas.

In casu, as regras da experiência indiciam que a combinação ocorrida entre as bananeiras de Sérgio e o prédio de Rita possa ser revertida e que a sua separação possa ocorrer sem causar prejuízos ao prédio de Rita e às bananeiras de Sérgio. Ora, subsistindo a autonomia jurídica das coisas, perde razão de ser o recurso ao regime da acessão. Termos em que, Sérgio poderá exigir de Rita a separação das bananeiras do terreno e a sua entrega, e, caso tal não ocorra voluntariamente, reivindicar as bananeiras (artigo 1311.º do Código Civil).

Na hipótese de a separação das coisas provocar detrimentos para alguma delas, estaremos perante um caso de acessão natural, havendo que aplicar a regra especial estabelecida no artigo 1329.º do Código Civil. Apesar de o referido preceito apenas referir a avulsão, o mesmo deverá ser interpretado no sentido de abarcar outras ações naturais e violentas, que conduzam a resultados iguais aos aí previstos, como, por exemplo, tufões. Deste modo, se, por ação natural e violenta, um tufão arrancar qualquer planta e arrojar essa coisa em prédio alheio, o dono dela tem o direito de exigir a sua entrega, contando que o faça dentro de seis meses, se antes não for notificado para fazer a remoção no prazo judicialmente assinado. Não o exigindo dentro destes limites temporais, a propriedade da planta será do dono do prédio, *rectius*, de Rita (artigo 1328.º, n.º 1, *ex vi* artigo 1329.º, n.º 2, do Código Civil).

14. ACESSÃO INDUSTRIAL IMOBILIÁRIA

VÍTOR PALMELA FIDALGO

António cumpriu um dos seus sonhos de criança. Com 35 anos comprou um pequeno terreno no Alentejo pelo valor 30 mil euros. Para ficar plenamente satisfeito só faltava completar o seu outro objetivo: convidar a sua amada para ir viver com ele. E foi o que sucedeu. Em janeiro de

2012, António e Beatriz "juntaram os trapinhos" e foram viver juntos para a quinta. Dadas as dificuldades financeiras de António, Beatriz decidiu ajudar o seu amado, construindo uma pequena moradia e uma piscina naquele terreno. Contudo, de há um ano para cá, as coisas começaram a ficar cada vez piores para o casal. As constantes brigas tornaram-se insustentáveis, fazendo com que António expulsasse Beatriz de casa.

Contudo, Beatriz não aceita esta decisão de António. Segundo ela, com a construção da moradia e da piscina, o valor do terreno passou a ser de 70 mil euros, o que a torna, segunda ela, proprietária da quinta.

Responda fundamentadamente às perguntas seguintes tendo em conta os factos adicionais nelas pressupostos. Os factos pressupostos em cada questão não devem ser considerados na resposta às demais:

1) *Beatriz tem razão quando afirma que é titular do direito de propriedade sobre a quinta?*

Podemos estar perante um caso de acessão. A acessão constitui um modo de aquisição originária do direito de propriedade (artigo 1317.º, *d*), do Código Civil). Nos termos do artigo 1325.º do Código Civil, "dá-se a acessão, quando com a coisa que é propriedade de alguém se une e incorpora outra coisa que lhe não pertencia". Para que haja acessão, terão de ser preenchidos dois requisitos prévios: i) a união ou a mistura de duas ou mais coisas (artigo 1325.º do Código Civil); e ii) a inseparabilidade que resultou dessa união ou mistura de duas ou mais coisas autónomas (artigo 1333.º, n.º 1, do Código Civil). Ambos os requisitos estão preenchidos no presente caso. O próximo passo será o de verificarmos qual a posição jurídica de Beatriz nesta hipótese.

Beatriz, ao construir a moradia e a piscina em terreno que pertence a António, suscita a aplicação do regime da acessão industrial imobiliária, presente nos artigos 1340.º e 1341.º do Código Civil. A norma, a ser aplicada, depende de dois fatores: i) da boa ou má-fé do autor da união; e ii) do valor que o implante proporcione ao prédio.

Iniciando o nosso excurso pelo primeiro fator, nos termos do artigo 1340.º, n.º 4, do Código Civil, "entende-se que houve boa fé, se o autor da obra, sementeira ou plantação desconhecia que o terreno era alheio, ou se foi autorizada a incorporação pelo dono do terreno". Tendo em conta que Beatriz foi autorizada a construir no terreno de António, não existem quaisquer dúvidas sobre a boa-fé desta quando decidiu construir a moradia e a piscina.

Estamos, assim, no âmbito do artigo 1340.º do Código Civil, que se aplica às "obras, sementeiras ou plantações feitas de boa fé em terreno alheio" e que, na verdade, derroga o princípio *superficies solo cedit*, na medida em que Beatriz, estando de boa-fé, poderá adquirir o direito de propriedade sobre a quinta, contando que o implante tenha trazido uma valorização superior ao prédio. Isto mesmo confirma o artigo 1340.º, n.º 2, do Código Civil, estipulando que, "se alguém, de boa fé, construir obra em terreno alheio, ou nele fizer sementeira ou plantação, e o valor que as obras, sementeiras ou plantações tiverem trazido à totalidade do prédio for maior do que o valor que este tinha antes, o autor da incorporação adquire a propriedade dele, pagando o valor que o prédio tinha antes das obras, sementeiras ou plantações". O valor a aferir deverá ser o valor atual do prédio, e não o valor a que o mesmo foi adquirido. Neste sentido, se o mesmo, sem os implantes, ainda mantiver o valor de 30 mil euros, Beatriz poderá adquirir o prédio unido, tendo de proceder ao pagamento do valor respetivo a António.

2) *Admitindo que Beatriz tinha razão, em que momento é que se daria a aquisição do direito de propriedade? Poderiam Beatriz e António contrariar, voluntariamente, a cominação legal?*

Ao contrário da acessão natural, a acessão industrial constitui um direito potestativo. Relacionando-se a nossa hipótese com um caso de acessão industrial imobiliária, poderemos invocar a regra presente no artigo 1340.º, n.º 1, do Código Civil, que estabelece que "o autor da incorporação adquire a propriedade dele, *pagando o valor que o prédio tinha antes das obras* (...)" (itálico nosso). Com efeito, querendo Beatriz exercer o seu direito de acessão, esta terá de proceder ao pagamento do valor que o prédio tinha antes das obras, constituindo esta uma condição para aquisição do direito de propriedade da coisa unida. Qualquer manifestação de vontade por parte de Beatriz em adquirir a propriedade da coisa unida, quando não acompanhada pelo pagamento do valor do prédio, não terá quaisquer efeitos reais.

Sem embargo, o direito de potestativo de acessão não obstará a que as partes, por meio de negócio jurídico, estipulem uma solução diferente daquela que é reservada por lei. Por exemplo, permitindo que António pague a Beatriz o montante devido pela incorporação realizada por esta, sendo, com efeito, António a beneficiar da acessão.

15. ESPECIFICAÇÃO

TIAGO SOARES DA FONSECA

Tânia, pintora de renome, estava a passear nas ruas de Lisboa quando encontrou uma tela de um quadro, encostada a um vidrão.

Uma vez que estava quase nova, levou-a para casa e, depois de proceder a uma limpeza geral, aplicou na tela as suas melhores artes, dando origem a um belo quadro. A pintura está atualmente em exposição numa das mais conhecidas galerias de arte da capital.

Úrsula, dona da tela desaparecida, que, por ocasião das mudanças de casa, tinha pousado algumas das suas mobílias junto do vidrão, reconheceu a sua tela na exposição de Tânia. Alegando que a tela era sua, pretende levá-la para casa. Tânia diz sim, mas apenas mediante o pagamento de 15.000 €, preço de venda do quadro.

Quid iuris?

RESOLUÇÃO:

Tânia adquire, por apossamento, uma tela que não era sua (artigo 1263.º, al. *a*), do Código Civil). Apesar de a mesma aparentar encontrar-se abandonada, atendendo às circunstâncias em que se deu a sua apreensão material, veio a demonstrar-se que assim não era o caso. Consequentemente, apesar de estarmos perante uma coisa móvel (artigo 205.º do Código Civil), Tânia não adquire, por ocupação, a propriedade da tela.

Na posse da tela, Tânia modifica-a com o seu trabalho. Isto é, aplicando na tela "as suas melhores artes", efetua na mesma uma pintura. Em consequência, o resultado desse trabalho (a pintura) confunde-se com a propriedade da tela, modificando-a: originariamente tínhamos uma tela por pintar; posteriormente temos uma tela pintada.

Estamos perante um caso de *especificação*, de que a pintura, a par do desenho, da fotografia, da gravura ou de outros atos semelhantes, é um exemplo (artigo 1338.º do Código Civil). A circunstância de a combinação ocorrida não se verificar entre coisas, mas entre uma coisa e o trabalho de outrem, conduz a que parte significativa da doutrina coloque em causa a integração da especificação na acessão, não obstante a mesma se encontrar referida no artigo 1326.º, n.º 1, *in fine*, do Código Civil, a propósito das espécies de acessão, e de o seu regime se encontrar consagrado na acessão industrial mobiliária.

Relativamente à aquisição do direito de propriedade por especificação, encontra-se previsto nos artigos 1336.º e 1337.º do Código Civil, consoante o especificador tenha atuado de boa ou má-fé. Vejamos.

Havendo boa-fé de Tânia, se a restituição da tela à forma primitiva não for possível, a mesma pertencerá a Tânia. Se a restituição da tela à forma primitiva implicar a perda do valor acrescentado pelo trabalho, a tela pintada tanto pode ser atribuída a Tânia (especificadora) como a Úrsula (a dona anterior), consoante o valor acrescentado seja superior ou inferior ao da coisa (artigo 1336.º, n.º 1, do Código Civil). Assim, se o valor acrescentado pelo trabalho for superior ao valor da tela, a mesma será de Tânia. Se, pelo contrário, o valor acrescentado pelo trabalho não exceder o valor da tela, a mesma será de Úrsula.

Em qualquer das situações descritas, a parte a quem couber o direito sobre a tela é obrigada a indemnizar a outra do valor que lhe couber (artigo 1336.º, n.º 2, do Código Civil). Assim, se a tela ficar para Tânia, esta terá de indemnizar Úrsula do valor da mesma. Se, pelo contrário, a tela ficar para Úrsula, esta terá de indemnizar Tânia do valor do trabalho.

Se Tânia estiver de má-fé, o direito à coisa transformada cabe a Úrsula, tendo Tânia o direito de ser indemnizada apenas se o valor acrescentado for superior, em um terço, ao valor da tela. Ainda assim, neste caso, o montante da indemnização é apenas o correspondente ao que exceder esse terço (artigo 1337.º do Código Civil).

Apesar de o legislador não explicitar quando é que existe boa-fé do especificador, recorrendo a soluções análogas (artigo 1340.º, n.º 4, do Código Civil), deve considerar-se que há boa-fé do especificador sempre que este ignorar, sem culpa (boa-fé subjetiva ética), aquando da especificação, que a coisa móvel pertencia a outrem.

Considerando os dados do caso prático, o regime concretamente aplicável seria o da especificação de boa-fé. O apossamento de Tânia ocorreu junto de um vidrão, local onde habitualmente são colocadas coisas que os seus proprietários já não pretendem para si. Assim, não é de censurar a conduta de quem, nestas circunstâncias, faz sua a coisa (ainda que não seja de vidro) que se encontrava junto do mesmo, por estar convencida de que tinha sido abandonada.

Por outro lado, dentro do regime da especificação de boa-fé, considerando o facto de Tânia ser uma pintora de renome e o elevado preço que o quadro teria no mercado, é de concluir que, ainda que a tela pudesse eventualmente ser restituída à forma primitiva (porventura, eliminando-se a pintura com diluente), haveria perda do valor criado pelo trabalho de Tânia.

Em face do exposto, Tânia faria sua a tela por si transformada, estando obrigada a indemnizar Úrsula do valor da mesma. Improcede, pois, a pretensão de Úrsula, que apenas poderá fica com a tela, pagando o valor da pintura.

16. EXTINÇÃO DOS DIREITOS REAIS E POSSE

TIAGO SOARES DA FONSECA

Hélder adquiriu a propriedade de uma quinta, no interior do país, por sucessão de seu pai, falecido em 2000. Por essa ocasião, encontrava-se registado, relativamente à quinta, um usufruto vitalício, em nome de Isabel, e uma servidão de passagem a favor do prédio *Z*, imediatamente contíguo, propriedade de João.

Por ano, os proveitos que Hélder obtém da quinta rondarão os 2.000 €.

Tendo-se incompatibilizado com Isabel, no final de 2010, Hélder decidiu trocar as fechaduras da entrada da quinta, impedindo Isabel ao acesso da mesma, até hoje.

Com João, as coisas passaram-se de modo diferente: um ano depois de ser constituída, quando o pai de João ainda era vivo, a servidão deixou de ser utilizada, em virtude de ter sido construída uma estrada municipal junto ao seu prédio.

Recentemente, em 2018, é publicada nova legislação, relativa à limpeza de terrenos, que obriga os proprietários dos terrenos a proceder à sua limpeza, sob pena de aplicação de elevadas multas. Preocupado com a situação, Hélder obtém um orçamento para limpeza do seu terreno: 2.000 € por ano, mais IVA.

Concluindo não ter condições para tratar da quinta, Hélder coloca as chaves da mesma num envelope, enviando-as ao presidente da Câmara, acompanhadas de uma carta onde se pode ler: "*Exmo. Senhor Presidente, Junto remeto, em anexo, as únicas chaves da quinta herdada do meu pai, livre de ónus ou encargos. A mesma é, a partir do presente, do Estado.*"

Quid iuris?

RESOLUÇÃO:

O presente caso prático suscita diferentes questões relativas à extinção de direitos reais. Mais concretamente, a extinção do direito de usufruto, do direito de servidão e, por fim, do próprio direito de propriedade.

Observemos.

Relativamente ao direito de usufruto, encontra-se previsto nos artigos 1439.º e seguintes do Código Civil, sendo definido como o direito real de gozo temporário e pleno de uma coisa ou direito alheio, sem alterar a sua forma ou substância. Quanto à sua extinção, o artigo 1476.º refere, nas alíneas *a*) a *e*) do seu n.º 1, as diferentes causas de cessação do usufruto, não sendo a situação do caso prático reconduzível a nenhuma destas situações. Assim, se se entender que as causas de extinção do usufruto constantes do artigo 1476.º, n.º 1, são taxativas, haverá que concluir pela subsistência do direito de usufruto. Se, pelo contrário, como parece ser a solução mais acertada, se considerar que as causas de extinção aí previstas não são taxativas, haverá que indagar se estamos perante uma outra causa de extinção desse direito.

A atuação de Hélder, o proprietário, relativamente a Isabel, a usufrutuária, traduziu-se numa oposição ao gozo da coisa objeto do usufruto, concretizada num desapossamento por meio de substituição das fechaduras que dão acesso ao controlo da quinta.

A oposição ao gozo da coisa consta no Código Civil como uma causa de extinção do direito de servidão, designada de *usucapio libertatis*. Nos termos do disposto no artigo 1574.º, n.º 1, do Código Civil, "*a aquisição, por usucapião, da liberdade do prédio pode dar-se quando haja por parte do proprietário do prédio serviente, oposição ao exercício da servidão*". Ou seja, a oposição do proprietário do prédio serviente ao exercício da servidão pelo proprietário do prédio dominante, mantida por certo período de tempo – calculado nos termos da duração da posse para efeitos de usucapião (artigo 1574.º, n.º 2, do Código Civil) –, pode conduzir à extinção do direito real menor onerador.

In casu, a oposição de Hélder não se dá relativamente ao exercício da servidão, mas relativamente ao exercício do usufruto. Deste modo, a questão que se coloca é se a *usucapio libertatis*, expressamente prevista a propósito das servidões prediais, é um facto extintivo específico deste direito real ou um facto extintivo geral dos direitos reais de gozo, segundo o qual a oposição do titular do direito real maior ao exercício do titular do direito real menor, concretizada no desapossamento do titular do direito real menor, pode, em certas circunstâncias, levar à extinção do direito real menor.

Ainda que se acompanhe a doutrina segundo a qual a *usucapio libertatis* é um facto extintivo geral dos direitos reais de gozo, a sua efetiva verificação dependerá do preenchimento dos seguintes pressupostos: a oposição do titular do direito real maior, o decurso do prazo e a invocação pelo beneficiário. Ora, apesar de existir uma oposição de Hélder ao gozo da usufrutuária, não estaria preenchido o decurso do prazo legal necessário para a *usucapio libertatis* ser eficaz [artigos 1594.º, n.º 2, e 1294.º, al. *b*), do Código Civil], nem tão-pouco houve invocação da mesma pelo respetivo beneficiário (artigo 303.º *ex vi* artigo 1292.º do Código Civil). Assim, o direito de usufruto não se encontrava extinto, termos que, querendo, poderia Isabel pedir a restituição da coisa através de uma ação de reivindicação (artigo 1311.º *ex vi* artigo 1315.º, ambos do Código Civil).

Avançando para o direito de servidão, o mesmo encontra-se previsto nos artigos 1543.º e seguintes do Código Civil, sendo definido como o encargo imposto num prédio em proveito exclusivo de outro prédio pertencente a dono diferente. No caso prático, o encargo imposto ao prédio serviente consistia na oneração de permitir a passagem no mesmo pelo titular do prédio dominante. Portanto, uma servidão de passagem.

Quanto à sua extinção, o artigo 1569.º refere, nas alíneas *a*) a *e*) do seu n.º 1, as diferentes causas de cessação da servidão. Em causa poderia estar a sua extinção por não uso. Sabe-se que a servidão em proveito do prédio de João deixou, a partir de dado momento, de ser utilizada. Sabe-se ainda que foi numa data anterior a 2000, ainda que por esclarecer. Assim, confirmando-se que, em 2019, a servidão não foi utilizada durante 20 anos – contados a partir do momento em que a mesma deixou de ser utilizada, qualquer que seja o motivo para o seu não uso [artigos 1569.º, n.º 1, al. *b*), e 1570.º, n.º 1, do Código Civil] –, poderíamos estar perante uma causa de extinção da servidão.

Na hipótese de se concluir que, em 2019, haveria um não uso por um período inferior a 20 anos, poderia, ainda assim, dar-se a extinção da servidão por uma outra causa: a sua *desnecessidade*. Importaria, para tanto, distinguir se a servidão em causa era uma servidão coativa ou voluntária, uma vez que somente as servidões coativas se podem extinguir por desnecessidade (artigo 1569.º, n.º 3, 1.ª parte, do Código Civil).

Estaríamos perante uma servidão legal ou coativa se a mesma pudesse, na falta de constituição voluntária, por recusa do titular do prédio serviente, ser imposta coativamente pelo beneficiário do direito à servidão (artigo 1547.º, n.º 2, do Código Civil). Por exemplo, uma servidão de passagem nos termos do disposto no artigo 1550.º do Código Civil. Pelo contrário, se o direito de servidão só pudesse ser constituído por acordo das partes, isto é, se não existisse um poder potestativo à sua constituição, a servidão seria voluntária. Por hipótese, uma servidão de passagem fora dos casos previstos nos artigos 1550.º e seguintes do Código Civil.

Ora, na hipótese de a servidão de passagem entre a quinta e o prédio *Z* ser uma servidão legal/coativa de passagem (*v.g.*, em benefício de prédio encravado), significaria que, um ano depois de a mesma ter sido constituída, se tornou aparentemente desnecessária, em virtude da construção de uma comunicação com a via pública pelo prédio dominante, de que resultou a perda de qualquer utilidade para a sua subsistência. Nessa circunstância, João poderia, com tal fundamento, pedir a declaração judicial da sua extinção (artigo 1569.º, n.º 2, por remissão do artigo 1569.º, n.º 3, 1.ª parte, do Código Civil).

Por último, relativamente ao direito de propriedade, estava em causa a admissibilidade da sua extinção por renúncia do respetivo titular. Especificamente por renúncia abdicativa tácita, mediante a qual o titular do direito real dispõe do mesmo, no sentido da sua extinção.

Esta admissibilidade é, contudo, controvertida.

A renúncia não se encontra prevista relativamente a todos os direitos reais, mas apenas em relação a alguns direitos reais de gozo – o usufruto, a servidão. o uso e habitação e a superfície – e de garantia. Ora, não constando a propriedade dos bens imóveis entre os direitos reais suscetíveis de renúncia, não é consensual na doutrina se a renúncia será um facto extintivo admitido. Apesar de tal omissão, poderá argumentar-se, com vista à sua admissibilidade, a ausência de um capítulo específico no direito de propriedade dedicado à sua extinção, ou o facto de o poder de disposição estar compreendido no conteúdo da propriedade (artigo 1305.° do Código Civil).

De todo o modo, mesmo perfilhando a tese da admissibilidade da renúncia ao direito de propriedade, não parece que, *in casu*, a mesma fosse eficaz. Para tanto, tal ato teria de ter observado a forma exigida pela alínea *a*) do artigo 22.° do Decreto-Lei n.° 116/2008, de 4 de julho: escritura pública ou documento particular autenticado, facto que não se verifica, tendo sido celebrado apenas por escrito. Assim, estaríamos, na melhor das hipóteses, perante uma renúncia nula (artigo 220.° do Código Civil).

Relativamente à circunstância de, contrariamente ao que é declarado por Hélder na sua carta, a propriedade da quinta estar onerada pelos direitos de usufruto e de servidão, uma vez que a renúncia, sendo admitida, não implicava a sua extinção, não seria necessário o consentimento do usufrutuário nem do titular do prédio dominante. Quem passasse a ser o proprietário da coisa – no caso, por se tratar de coisa imóvel, o Estado, atento o disposto no artigo 1345.° do Código Civil – ficaria onerado com tais direitos reais menores.

Apesar de a renúncia efetuada por Hélder não ser válida, a comunicação efetuada ao presidente da câmara foi acompanhada da entrega das chaves da quinta. Juridicamente, tal comportamento é suscetível de ser reconduzido a um caso de extinção da posse, por abandono [artigo 1267.°, n.° 1, al. *a*), do Código Civil]. Com efeito, revela, *prima facie*, por opção, uma perda voluntária do *corpus* da quinta por Hélder. Tratando-se das únicas chaves da quinta, Hélder não conserva qualquer possibilidade de atuação material sobre a quinta. Deste modo, Hélder, apesar de proprietário, deixa de ser o possuidor da quinta.

17. PROPRIEDADE HORIZONTAL

TIAGO SOARES DA FONSECA

Vasco, titular da fração correspondente ao 2.º andar esquerdo, de um edifício de três andares, em regime de propriedadc horizontal, recebeu um telefonema de Xavier, seu inquilino nessa fração, avisando-o de que, no dia 1 do passado mês, reunira a respetiva assembleia de condóminos, de onde resultaram as seguintes deliberações:

a) Impermeabilização das varandas e do terraço de cobertura;
b) Colocação de plataformas elevatórias em todos os andares, de modo a possibilitar a passagem da cadeira de rodas da proprietária do 3.º andar;
c) Autorização de abertura de uma porta de ligação entre o 1.º andar direito e o 1.º andar esquerdo;
e) Proibição dos condóminos fazerem fritos em suas casas, por causa dos cheiros provocados nas partes comuns.

Tendo em conta esta factualidade, Xavier diz que vai denunciar o arrendamento, uma vez que não dispensa os fritos, pelo menos numa refeição por dia.

Vasco, surpreendido com tais novidades, até porque não se recorda de ter recebido qualquer comunicação em sua casa, discorda de todas as deliberações tomadas, pretendendo impugná-las.

Quid iuris?

RESOLUÇÃO:

O caso prático em apreço diz respeito ao direito real de propriedade horizontal (designação legal), também chamado, por alguma doutrina, de direito real de condomínio ou propriedade parcelar. Previsto nos artigos 1414.º e seguintes do Código Civil, autonomiza-se do direito de propriedade e carateriza-se pela coexistência de diferentes frações num edifício, em condições de constituírem unidades independentes (frações autónomas), e de partes comuns desse mesmo edifício. O direito de propriedade horizontal compreende, portanto, estas duas realidades, suscitando, em reflexo disso mesmo, uma duplicidade de regime. Por exemplo, cada condómino é proprietário exclusivo da fração que lhe pertence e comproprietário das partes comuns do edifício (artigo 1420.º, n.º 1, do Código Civil).

Os órgãos do condomínio são a assembleia de condóminos e o administrador.

No presente caso prático, a assembleia de condóminos, órgão colegial no qual têm assento todos os condóminos, aprovou, por maioria simples dos presentes, um conjunto de deliberações. Importa, pois, analisar se a assembleia de condóminos foi ou não regularmente convocada, se tinha ou não competência para deliberar sobre tais matérias e se as mesmas, sendo permitidas, foram aprovadas com as maiorias legais exigidas.

Vasco não se recorda de ter recebido qualquer comunicação para a reunião ocorrida.

A assembleia de condóminos reúne anualmente, para discutir e aprovar as contas respeitantes ao último ano e aprovação do orçamento das despesas a efetuar durante o ano, e sempre que for convocada pelo administrador ou por condóminos que representem, pelo menos, vinte e cinco por cento do capital social investido (artigo 1431.º, n.ºs 1 e 2, do Código Civil). Pelo conteúdo das deliberações, estaremos na segunda situação.

Independentemente da natureza da reunião da assembleia, a mesma tem de ser convocada por comunicação enviada com dez dias de antecedência, indicando o dia, a hora, o local e a ordem dos trabalhos, informando ainda os assuntos cujas deliberações só podem ser aprovadas por unanimidade dos votos (artigo 1432.º, n.ºs 1 e 2, do Código Civil).

Caso as deliberações em causa não tenham sido oriundas de uma assembleia de condóminos regularmente convocada, as mesmas são anuláveis por contrárias à lei (artigo 1433.º, n.º 1, do Código Civil). A tramitação da sua impugnação encontra-se prevista nos números 2 a 4 do artigo 1433.º do Código Civil, reconhecendo ao condómino diferentes alternativas de reação. A estas, acresce uma quarta: a suspensão das deliberações tomadas (artigo 1433.º, n.º 5, do Código Civil).

Se, pelo contrário, as deliberações em causa provieram de uma assembleia de condóminos regularmente convocada, haverá que analisar o respetivo conteúdo. Partindo do pressuposto que nenhuma das matérias deliberadas foi regulada no título constitutivo da propriedade horizontal, importa distinguir:

a) Impermeabilização de varandas e do terraço, afeto ao último piso

O terraço de cobertura, ainda que destinado ao uso exclusivo de alguma fração, é uma parte comum do edifício (artigo 1421.º, n.º 1, al. *b*), do Código Civil), competindo à assembleia de condóminos a sua administração (artigo 1430.º, n.º 1, do Código Civil).

As despesas relativas à impermeabilização, porquanto respeitantes a partes comuns do edifício, devem ser suportadas pelo condomínio (artigo 1424.º, n.º 1, do Código Civil).

b) Colocação de plataformas elevatórias

À semelhança da situação anterior, estamos perante matéria relativa a partes comuns do edifício, passível de ser objeto de deliberação pela assembleia de condóminos (artigos 1421.º, n.º 1, al. *c*), e 1430.º, n.º 1, do Código Civil, respetivamente). Concretamente, a realização de uma obra que consubstancia uma inovação no prédio. É permitida, contando que tenha sido aprovada, nos termos do n.º 1 do artigo 1425.º do Código Civil, pela maioria dos condóminos que representem dois terços do valor total do prédio.

De todo o modo, não havendo deliberação nesse sentido, atendendo ao objeto da deliberação – colocação de uma plataforma elevatória para um condómino com mobilidade condicionada – poderia o mesmo, mediante comunicação nesse sentido ao administrador, com 15 dias de antecedência e especificando as normas técnicas de acessibilidade previstas em legislação específica, efetuar diretamente tais inovações (artigo 1425.º, n.ºs 3, al. *b*), e 6 do Código Civil).

c) Autorização de abertura de uma porta de ligação entre o lado direito e o esquerdo de duas frações no mesmo piso

A junção de duas ou mais frações do mesmo edifício, desde que estas sejam contiguas, não carece de autorização dos restantes condóminos do mesmo edifício (artigo 1422.º-A, n.º 1, do Código Civil). Por esse motivo, a referida autorização não assume relevância jurídica.

d) Proibição dos condomínios fazerem fritos em suas casas, por causas dos cheiros provocados nas partes comuns

Nesta alínea deparamo-nos com uma deliberação da assembleia de condóminos relativa às frações autónomas que compõem o prédio.

Nos termos do disposto no artigo 1420.º, n.º 1, do Código Civil, cada condómino é considerado proprietário exclusivo da sua fração. Assistem-lhe, portanto, aparentemente, os poderes de uso, fruição e disposição da fração (artigo 1305.º do Código Civil).

Por outro lado, nos termos do disposto no artigo 1430.º, n.º 1, do Código Civil, a administração das partes comuns do edifício compete à assembleia geral de condóminos e a um administrador.

Considerando o regime legal descrito, a questão que se coloca é se a assembleia de condóminos terá ou não competência para deliberar relativamente ao uso das frações do prédio pelos respetivos condóminos. Neste caso, proibindo a realização de fritos nas mesmas, ou, por outras palavras, a emissão de certo tipo de fumos/cheiros.

Ora, para além do disposto nos artigos 1420.º, n.º 1, e 1430.º, n.º 1, do Código Civil, encontramos no artigo 1422.º, n.º 1, do mesmo código, um conjunto de limitações a que os condóminos estão sujeitos. Entre estas, destaca-se a proibição de praticar atos vedados no título constitutivo ou, posteriormente, por deliberação da assembleia de condóminos, aprovada sem oposição [artigo 1422.º, n.º 2, al. *d*), do Código Civil].

A deliberação em causa, apesar de controversa na doutrina, é suscetível de ser reconduzida a esta situação, a par de outras situações aventadas por alguns autores, como a proibição, em certas circunstâncias, de animais domésticos, de emissão de ruídos a partir de certa hora ou de colocação de certos objetos nas varandas (roupa a secar, vasos, etc.).

Admitindo que a assembleia de condóminos tinha competência para deliberar sobre tal matéria, seria ainda necessário, para que Xavier estivesse, de facto, proibido de realizar fritos na fração arrendada, que a referida deliberação tivesse sido tomada sem oposição. Ou seja, não bastava uma deliberação a aprovar esse limite, sendo ainda necessário que não tivesse existido oposição dos condóminos votantes.

Sustentando-se que a assembleia de condóminos não tinha competência para deliberar sobre tal matéria, por ser a imposição de um limite incompatível com o direito de propriedade sobre as frações autónomas, designadamente por tais fumos ou cheiros resultarem de uma utilização normal de uma fração destinada a habitação e de os cheiros provocados nas partes comuns não constituírem um prejuízo substancial para os demais condóminos (artigo 1346.º do Código Civil), poderíamos estar perante uma deliberação inválida, não tendo os condóminos afetados de as cumprir.

Por último, quanto ao *quorum* deliberativo, isto é, quanto à maioria necessária para fazer aprovar as matérias objeto das deliberações, não se pode, à partida, afirmar que as deliberações aprovadas são válidas ou inválidas, dado que a maioria dos condóminos presentes pode significar uma maioria qualificada da permilagem correspondente às frações. Tudo dependerá do número de condóminos presentes e da permilagem das suas frações no valor total do prédio. Assim, tanto poderíamos estar perante deliberações válidas em termos de *quorum* deliberativo, como não.

Em regra, salvo disposição especial, as deliberações são tomadas por maioria dos votos representativos do capital investido (artigo 1432.º, n.º 3, do Código Civil). No entanto, se não comparecer um número de condóminos suficiente para se obter vencimento, e na convocatória não tiver sido desde logo fixada outra data, considera-se convocada nova reunião para uma semana depois, na mesma hora e no mesmo local, podendo, neste caso, a assembleia deliberar por maioria de votos dos condóminos presentes, desde que estes representem, pelo menos, um quarto do valor do prédio (artigo 1432.º, n.º 4, do Código Civil).

18. PROPRIEDADE HORIZONTAL E ÓNUS REAIS

TIAGO SOARES DA FONSECA

Américo, titular de uma fração autónoma do Edifício Belavista, em regime de propriedade horizontal, é surpreendido com a citação de uma ação de cumprimento, proposta pela administração do condomínio, para pagamento das mensalidades devidas e vencidas, em 2017, relativas à sua fração.

Contudo, Américo apenas adquiriu a fração em causa em janeiro deste ano, tendo, até ao presente, pago atempadamente todas as mensalidades do condomínio. Decide, por isso, falar com o seu advogado.

Quid iuris?

RESOLUÇÃO:

Estamos perante uma situação jurídica *propter rem*, isto é, uma situação cujo sujeito, ativo ou passivo, é determinado em atenção à titularidade de um direito real.

Nos termos legais, os condóminos têm de comparticipar nas despesas relativas às partes comuns e, salvo disposição em contrário, essa contribuição é paga na proporção do valor das suas frações (artigo 1424.º, n.º 1, do Código Civil). Uma vez que o devedor desta contribuição é determinado pela titularidade do direito real (o condómino), deparamo-nos com uma obrigação *propter rem* ou obrigação real.

In casu, a obrigação real venceu-se e não foi voluntariamente cumprida. Sendo uma obrigação pecuniária, segue o regime geral das obrigações (civis). Pelo que, havendo mora no seu cumprimento, são devidos juros de mora, a contar do dia da constituição daquela (artigo 806.º, n.º 1, do Código Civil).

Compete ao(s) administrador(es) do condomínio, enquanto órgão executivo do condomínio, entre outras funções que lhe sejam atribuídas pela assembleia, cobrar as receitas e efetuar as despesas comuns, o que compreende a cobrança das comparticipações em dívida (artigo 1436.º, al. *d*), do Código Civil). Caso essa comparticipação não seja voluntariamente cumprida, a administração do condomínio tem legitimidade para proceder à sua cobrança judicial (artigo 1437.º, n.º 1, do Código Civil). Do ponto de vista processual, constitui um caso de extensão da personalidade judiciária [artigo 12.º, al. *e*), do Código de Processo Civil].

A ação de cumprimento foi proposta contra o atual proprietário da fração. A interrogação que se coloca é a de saber se a transmissão do direito real em questão exonera o adquirente do pagamento das mensalidades vencidas aquando da transmissão, ou se, pelo contrário, o seu pagamento pode ser-lhe exigido. Ora, quanto a esta questão, a doutrina divide-se. Assim, a resposta final depende da posição que se tome quanto a tal debate.

Segundo alguma doutrina, a dominante, as obrigações vencidas na titularidade do alienante não se transmitem com a alienação do direito real. Assim, apenas responde pelo seu cumprimento aquele que, aquando do seu vencimento, fosse o titular do direito real.

De acordo com uma outra doutrina, se a fonte da obrigação é o direito real, o seu titular tem de a cumprir, ainda que a obrigação estivesse vencida antes da aquisição do direito real, com exceção dos juros de mora, tratando-se de obrigação vencida de capital.

19. COMPROPRIEDADE

TIAGO SOARES DA FONSECA

Beatriz e Carmo compraram, em conjunto, um carro, por 20.000 €. Apesar de no contrato, reduzido a escrito pelas partes, apenas constar que o vendedor recebeu a totalidade do preço, sabe-se que Beatriz pagou 15.000 € do preço, por cheque passado em nome do comprador.

Responda fundamentadamente às perguntas seguintes tendo em conta os factos adicionais nelas pressupostos.

1) Em maio do ano seguinte, Beatriz e Carmo receberam no correio uma notificação das finanças para proceder ao pagamento do Imposto Único de Circulação (IUC) do automóvel, no valor de 150 €. Beatriz deixou 75 € dentro de um envelope que colocou na secretária de Carmo, acompanhado de um bilhete, onde se pode ler "Carmo, aqui está a minha contribuição para o IUC do carro. Paga o remanescente, se faz favor."
Terá atuado corretamente?

2) Beatriz e Carmo marcaram as respetivas férias para a primeira quinzena de agosto. Porém, enquanto Beatriz pretende viajar de carro

até às águas quentes do Algarve, Carmo pretende fazer uma viagem para o norte, até à Galiza.

Quem leva o carro?

3) Durante a viagem para o norte, até à Galiza, o pneu da frente, do lado direito, do carro rebentou. Carmo procedeu à substituição do mesmo, assim como à substituição do pneu do lado esquerdo, por ter sido aconselhada a fazê-lo na oficina. Assim que regressou da viagem, Carmo informou Beatriz do que tinha sucedido. Esta, porém, ficou muito desagradada, alegando que Carmo não podia ter tomado essa decisão sem a ter consultado previamente, tanto mais que conhecia uma oficina que vendia pneus muito mais baratos do que aqueles que foram comprados por Carmo.

Quid iuris?

RESOLUÇÃO:

1) *Terá atuado corretamente?*

Existe propriedade em comum, compropriedade, comunhão ou contitularidade, quando duas ou mais pessoas são simultaneamente titulares do direito de propriedade sobre a mesma coisa (artigo 1403.º, n.º 1, do Código Civil).

Tendo a compra do carro sido efetuada simultaneamente por Beatriz e Carmo, na qualidade de compradoras, estas tornaram-se comproprietárias do mesmo.

Cada comproprietário tem uma posição quantitativamente determinada sobre a coisa comum, designada de *quota*. Essa posição resulta do título constitutivo, no caso em apreço do contrato de compra e venda. Quando o título constitutivo é omisso, a lei presume que as quotas são iguais (artigo 1403.º, n.º 2, *in fine*, do Código Civil), o que significa, por exemplo, que sendo dois os comproprietários, cada um terá uma quota de metade. Na hipótese de valer a presunção legal, será possível a sua elisão, nos termos gerais.

In casu, o título constitutivo não é expresso quanto às quotas de Beatriz e Carmo, limitando-se a referir que o carro foi vendido a ambas por

20.000 €. Sabe-se, porém, que 15.000 € do preço foram suportados por Beatriz. Neste contexto, haveria que discorrer se, da omissão expressa do valor das quotas, deveríamos concluir que Beatriz e Carmo seriam, cada uma, titulares de uma quota de metade, ou se, diferentemente, atendendo ao contexto do negócio e ao facto de Beatriz ter pago 15.000 € do carro, a quota de Beatriz seria de 75% e a de Carmo de 25%. Neste caso, a solução correta será a segunda, contanto que se elida a presunção legal de igualdade das quotas.

A determinação da quota dos comproprietários seria importante, uma vez que, nos termos legais, entre outros efeitos, os comproprietários participam nos encargos da coisa em proporção das suas quotas (artigo 1405.º, n.º 1, do Código Civil). *Mutatis mutandis*, a participação nas vantagens da coisa é também proporcional às suas quotas, por hipótese numa mais-valia na futura venda do carro.

Estando em causa um encargo da coisa – o IUC –, de duas uma (consoante o que se concluísse relativamente às quotas de Beatriz e de Carmo): ou Beatriz teria atuado corretamente, por ter uma quota de 50%; ou Beatriz não teria atuado corretamente, por ter uma quota de 75% do carro, caso em que teria de suportar 75% do encargo.

2) *Quem leva o carro?*

Nos termos legais, independentemente do valor das quotas respetivas, na falta de acordo sobre o uso da coisa em comum, cada comproprietário tem o poder de usar a coisa, contanto que *i*) não a empregue para fim diferente daquele a que a coisa se destina e *ii*) não prive os outros consortes do uso a que igualmente têm direito (artigo 1406.º, n.º 1, do Código Civil).

Beatriz e Carmo pretendem usar o carro simultaneamente para percursos distintos. Naturalmente, não é possível: ou bem que é Beatriz a usar o carro; ou bem que o mesmo é utilizado por Carmo.

Assim, terá de haver um entendimento das comunheiras quanto à utilização da viatura. Por exemplo, acordando na divisão do uso do carro nesse período, na utilização exclusiva do carro por uma comproprietária mediante uma compensação da consorte, numa rotatividade anual quanto à utilização exclusiva do carro em determinado período, etc.

Na falta de acordo das partes, a questão deverá ser submetida a tribunal.

3) *Quid iuris?*

A substituição do pneu rebentado constitui um ato de conservação do carro, inserido na administração da coisa comum.

No tocante à administração da coisa comum, o n.º 1 do artigo 1407.º do Código Civil remete para o artigo 985.º do mesmo código, relativo à administração das sociedades civis. Este último artigo deixa às partes a fixação da modalidade de exercício de administração, estabelecendo, porém, supletivamente no seu n.º 1, que, na falta de convenção em contrário, todos os comproprietários têm igual poder para administrar a coisa (*sistema de administração disjuntiva*).

Assim, face aos dados da hipótese, quer Beatriz, quer Carmo, podiam, individualmente, praticar atos de administração sem necessidade do consentimento ou de indicações da consorte. Ou seja, Beatriz podia ter procedido à substituição dos pneus, sem prejuízo de poder ponderar-se se não haveria um dever acessório de informação prévia da consorte.

Ainda relativamente à administração da coisa comum, é reconhecido o poder de oposição do consorte à prática de atos que o outro consorte pretenda realizar (artigos 985.º, n.ºs 2 e 3, e 1407.º, n.º 3, do Código Civil).

Ora, no caso *sub judice*, a substituição dos pneus ocorreu sem a prévia comunicação ao consorte. Assim, coloca-se o problema de saber se seria admitida a oposição do ato praticado.

Admitindo-se a oposição, chegar-se-ia a um impasse, por não ser possível formar a maioria exigível por lei à resolução da questão. Com efeito, independentemente do valor das quotas, sendo duas as comproprietárias e votando estas em sentido oposto, haveria sempre um empate (artigos 985.º, n.º 2, e 1407.º, n.º 1, *in fine*, do Código Civil). O desfecho da peleja teria de ser decidido em tribunal, com base em juízos de equidade (artigo 1407.º, n.º 2, do Código Civil).

Excluindo-se a possibilidade de oposição a ato já praticado, seguir-se-ia a aplicação do disposto no artigo 1411.º, n.º 1, do Código Civil: as comproprietárias deveriam contribuir, na proporção das respetivas quotas, para as despesas necessárias à substituição dos pneus. Neste cenário, também Beatriz poderia renunciar à sua quota, em ordem a eximir-se desse pagamento (artigo 1411.º, n.º 1, *in fine*, do Código Civil). A concretizar-se tal desejo, estaríamos perante uma renúncia liberatória, que conduziria à extinção da compropriedade, passando a propriedade do carro a pertencer unicamente a Carmo.

20. RELAÇÕES DE VIZINHANÇA – EMISSÕES DE CHEIROS

VÍTOR PALMELA FIDALGO

Arménio é comproprietário, com a sua esposa Bruna, de uma casa na aldeia de Santa Susana, no Alentejo, há cerca de 10 anos. Apesar de viver em Lisboa, Arménio costuma passar as suas férias de verão na Aldeia, em grande parte devido a Bruna, pois a calmaria da Aldeia atenua as suas frequentes e dolorosas enxaquecas.

Acontece que, desde há um mês, a tranquilidade de Arménio e de Bruna nunca mais foi a mesma. Carlitos, proprietário de um prédio a 100 metros do imóvel de Arménio, construiu, com a devida licença camarária, uma pocilga no seu terreno, fazendo com que o mau-cheiro seja insuportável para o casal, especialmente para Bruna, dado que a situação agrava ainda mais o seu estado de saúde. Como se não bastasse, Arménio descobriu ainda que Carlitos construiu uma conduta subterrânea até ao seu terreno, que faz com que as descargas da pocilga sejam aí despejadas.

Quid iuris?

RESOLUÇÃO:

O presente caso começa por originar o que está relacionado com as relações de vizinhança. De modo a preservar o aproveitamento das coisas pelos seus titulares, a lei impõe certos deveres de atuação ou de abstenção. Como refere o artigo 1305.º do Código Civil, "o proprietário goza de modo pleno e exclusivo dos direitos de uso, fruição e disposição das coisas que lhe pertencem, dentro dos limites da lei e com observância das restrições por ela impostas".

Tendo sido construída uma pocilga, por Carlitos, que emite um "cheiro insuportável" que afeta Arménio e Bruna, comproprietários vizinhos (artigo 1403.º e seguintes do Código Civil), teremos de verificar se cai no âmbito de aplicação do artigo 1346.º do Código Civil, que diz respeito às emissões. Nos termos do mesmo, "o proprietário de um imóvel pode opor-se à emissão de fumo, fuligem, vapores, cheiros, calor ou ruídos, bem como à produção de trepidações e a outros quaisquer factos semelhantes, provenientes de prédio vizinho, sempre que tais factos importem um prejuízo substancial para o uso do imóvel ou não resultem da utilização normal do prédio de que emanam". *In casu,* estamos perante a emissão de cheiros, sendo que o facto de o prédio não ser contíguo – está a cerca de 100 metros – não impede a aplicação do presente regime, na medida em que a previsão da norma abrange, igualmente, os prédios com proximidade espacial suficiente para serem afetados com as emissões (critério da afetação).

O facto de a construção de Carlitos ter obtido uma licença para o efeito não obsta à aplicação do artigo 1346.º do Código Civil, se os requisitos da norma em questão estiverem preenchidos. A existência da licença dá legitimidade ao titular do direito real sobre o prédio, neste caso Carlitos, apenas nos termos das normas de Direito Público, não se colocando em causa as regras de Direito Privado.

Importa ainda referir que, nos termos da parte final do artigo 1346.º do Código Civil, se exige que as emissões importem um *prejuízo substancial* para o uso do imóvel ou não resultem da utilização normal do prédio que emanam. Estes requisitos, tal como indica a própria norma, não são cumulativos, bastando a verificação de um deles para que a estatuição da norma atue. Contudo, no caso de um uso anormal de um prédio, é sempre necessário que essas emissões ilícitas provoquem danos, ainda que estes não resultem num *prejuízo substancial,* dado que estes requisitos são autónomos.

Na presente hipótese, ambos os requisitos estariam preenchidos. Vejamos.

No que diz respeito ao primeiro, apesar de o mesmo não poder ser visto em termos objetivos, i.e., tendo em conta as especiais debilidades de Bruna, certo é que a utilização de um prédio numa zona habitacional como pocilga resulta em incómodo e em mal-estar, tanto para Bruna, como para Arménio.

Adicionalmente, o segundo requisito também estará preenchido: a utilização de um prédio como pocilga, numa zona que não tinha anteriormente estes constrangimentos, não constitui uma utilização normal do mesmo, sendo que, para além da ilicitude das emissões, existem ainda danos para Arménio e Bruna, titulares em compropriedade do prédio vizinho.

De referir que os danos a serem aferidos nesta matéria não terão que ser apenas com o direito real em si, mas também com a ofensa aos direitos de personalidade.

Finalmente, no que diz respeito à conduta subterrânea construída até ao prédio de Arménio e Bruna, que faz com que as descargas da pocilga sejam aí efetuadas, não estamos perante um caso de relação de vizinhança, mas de incumprimento do dever de abstenção que onera todos os sujeitos perante o titular do direito real. O conflito por colisão de direitos não existe, dado que a construção de Carlitos foi realizada no prédio de Arménio e Bruna.

Arménio e Bruna poderão, assim, intentar uma ação para condenar Carlitos à eliminação da conduta, bem como à reparação dos danos causados nos termos do artigo 483.º do Código Civil.

21. RELAÇÕES DE VIZINHANÇA – ESTILICÍDIO/SERVIDÃO DE PASSAGEM

VÍTOR PALMELA FIDALGO

António é titular de um usufruto vitalício sobre um prédio sito em Alcácer do Sal há cerca de 30 anos. A beira do telhado do prédio de António dista apenas 30 cm do prédio vizinho, que pertence ao seu amigo Bruno. Apesar de a água escorrer para o prédio de Bruno, este nunca reclamou de tal circunstância. Esta situação deve-se talvez ao facto de o prédio de Bruno não ter saída para a via pública, o que o obrigava a utilizar o prédio de António para aceder à mesma.

Há cerca de um mês, na sequência da sua reforma, Bruno celebrou um contrato de compra e venda para a transmissão do prédio a favor de Carlos, que, de imediato, iniciou obras no mesmo, levantando um novo andar. Este novo andar faz com que a água que cai no mesmo escorra para o prédio de António, dando azo a infiltrações constantes neste.

António, agastado com a situação, foi reclamar com Carlos, que lhe disse que, ao contrário de Bruno, ele não poderia tolerar aquela situação, sendo que, por uma questão de justiça, deveria ser António a pagar-lhe a construção de caleiras no seu prédio, se quisesse ver aquela situação resolvida.

António, irritado com a situação, decidiu proibir Carlos de passar pelo seu prédio para aceder à via pública, dado que a permissão que havia dado a Bruno ao longo dos anos não se aplicava a Carlos.

1) *Poderia Carlos ter construído o novo andar?*

No presente caso estamos perante colisão entre vários direitos reais. O aproveitamento de uma coisa pelo titular, dada a proximidade com outra, poderá ter repercussão no aproveitamento por parte de terceiros. Tendo em consideração esta circunstância, a lei prevê um conteúdo negativo que pode ter a sua fonte, tanto em normas de Direito Público, como em normas de Direito Privado.

Ao construir no seu prédio, António não respeitou o artigo 1365.º, n.º 1, do Código Civil, que estipula o dever de estilicídio, estabelecendo que o proprietário deve edificar de modo a que a beira do telhado não goteje sobre o prédio vizinho, deixando um intervalo de, pelo menos, cinco decímetros entre o prédio e a beira.

Este artigo merece duas notas adicionais. Desde logo, o termo "gotejar", presente na disposição, deve ser interpretado de forma a abranger qualquer situação em que a água de um prédio escorra de um prédio superior para outro, não sendo necessário, naturalmente, que a água escorra gota a gota. Adicionalmente, o intervalo de 50 cm só é exigível quando as águas escorram naturalmente, uma vez que, se o titular do prédio superior estabelecer uma forma de as recolher para que estas não escorram (por exemplo, através de caleiras), já não será obrigado a respeitar a distância referida.

O facto de a lei se referir ao proprietário, não obsta a que esta norma, e todo o demais conteúdo negativo dos Direitos Reais, se aplique, da mesma forma, aos titulares de direitos reais menores, como o usufruto (artigo 1439.º e seguintes do Código Civil), neste caso vitalício (artigo 1443.º, *primeira parte*, do Código Civil).

Não obstante a ilicitude da conduta de António, certo é que as águas escoaram para o prédio vizinho durante 30 anos. Esta factualidade implica que chamemos à colação o artigo1365.º, n.º 2, do Código Civil, e consideremos que existiu a constituição de uma servidão predial de estilicídio por usucapião. Não está em causa a possibilidade de Carlos poder construir. A *ratio* do artigo 1365.º, n.º 2, do Código Civil é outra. O que o titular do prédio onerado com a servidão, *in casu* Carlos, não poderá fazer, é construir de tal forma que o escoamento das águas se faça para o titular da servidão de estilicídio. A obra levantada não pode impedir o escoamento das águas, devendo então Carlos realizar as obras necessárias para que o escoamento das águas se faça sobre o seu prédio.

Tendo sido constituída a servidão de estilicídio, António poderá propor uma ação de reivindicação contra Carlos, nos termos do artigo 1315.º, conjugado com o artigo 1311.º, n.º 1, ambos do Código Civil, pedindo o reconhecimento da existência do seu direito de servidão predial, bem como a condenação de Carlos a efetuar as alterações necessárias para que António possa exercer a sua servidão. Adicionalmente, António poderá ainda pedir a indemnização por danos causados com as infiltrações de água no seu prédio (artigo 483.º, n.º 1, do Código Civil).

2) *Tendo em conta que a permissão foi dada por António apenas a Bruno, como é que Carlos poderá aceder à via pública?*

In casu, estamos perante uma servidão de passagem.

A servidão predial consiste num direito real que tem a sua função limitada pelas utilidades que só poderão ser gozadas pelo prédio dominante em detrimento do prédio serviente.

Nos termos do artigo 1543.º do Código Civil, "servidão predial é o encargo imposto num prédio em proveito exclusivo de outro prédio pertencente a dono diferente; diz-se serviente o prédio sujeito à servidão e dominante o que dela beneficia". Adicionalmente, acrescenta o artigo 1544.º do Código Civil que "podem ser objecto da servidão quaisquer utilidades, ainda que futuras ou eventuais, susceptíveis de ser gozadas por intermédio do prédio dominante, mesmo que não aumentem o seu valor".

Nos termos do artigo 1547.º, n.º 1, do Código Civil, as servidões prediais podem ser constituídas através de contrato, testamento, usucapião ou destinação do pai de família.

No presente caso, tendo em conta a utilidade pretendida, que é a de que o proprietário do prédio possa aceder à via pública, que, de outro modo, parece não ser possível (encrave absoluto), estamos perante uma servidão legal de passagem devido a prédio encravado (artigo 1550.º, n.º 1, do Código Civil). Dado que existiu o acordo de António, a servidão de passagem foi constituída de forma voluntária, não tendo sido necessário recorrer a tribunal, nos termos do artigo 1547.º, n.º 2, do Código Civil.

Porém, quando temos um prédio encravado, a constituição da servidão não depende de permissão do prédio vizinho, *in casu* o prédio na titularidade do usufrutuário António, dado que existe um poder potestativo de constituir a servidão de passagem por parte do titular do direito real sobre o prédio encravado – Bruno, na presente hipótese.

Pressupõe-se que Bruno tenha efetuado o registo da servidão predial, nos termos do artigo 2.º, n.º 1, *a*), do Código de Registo Predial. Contudo, ainda que não o tenha feito, tratando-se de uma servidão aparente, o registo da mesma seria meramente enunciativo (artigo 5.º, n.º 2, *b*), do Código de Registo Predial), i.e., efeitos de publicidade para com terceiros e não uma eficácia consolidativa.

Uma vez que o prédio de Bruno foi transmitido, por contrato de compra e venda, a Carlos, questiona-se se a presente servidão de passagem se manterá.

Tendo em conta a característica da inerência, presente em todos os direitos reais, a servidão predial não se irá extinguir com a transmissão do prédio dominante. A servidão permanece ligada à coisa, ainda que se dê a mudança de titularidade nos direitos reais que recaem sobre o prédio. Está em causa a oponibilidade *erga omnes* dos direitos reais, enquanto direitos absolutos. De facto, o dever de *non facere*, surgido pela servidão predial, impõe-se a qualquer pessoa. Com efeito, Carlos poderá opor o seu direito real menor, a servidão de passagem, contra António, titular do prédio serviente.

Caso António persista em negar o acesso à servidão por parte de Carlos, este último poderá intentar uma ação de reivindicação, nos termos do artigo 1315.º, conjugado com o artigo 1311.º, n.º 1, ambos do Código

Civil, pedindo o reconhecimento da existência do seu direito de servidão predial e a condenação de António na abstenção de praticar atos que impeçam o exercício da servidão de passagem por parte de Carlos.

22. USUFRUTO

JOSÉ ALBERTO VIEIRA

António é titular de um direito de usufruto sobre a fracção X adquirida por testamento de Zacarias, falecido em 5 de Fevereiro de 2010. O usufruto foi constituído pela vida do usufrutuário e o facto constitutivo foi registado na Conservatória do Registo Predial de Évora.

Em 2 de Março de 2019, António celebrou com Bento um contrato de arrendamento pelo prazo certo de 5 anos, tendo nessa data disponibilizado a fracção ao arrendatário.

Carlos, nú proprietário da fracção, contesta a validade do contrato celebrado por António, alegando que o arrendamento pode superar a duração da vida do usufrutuário e ainda que este realizou obras na fracção, substituindo portas, fechaduras e janelas (que estavam deterioradas) e que tais actos não lhe estão autorizados.

António vem a morrer em 2 de Outubro de 2019.

Quid iuris?

RESOLUÇÃO:

– O usufruto pode ser constituído por testamento (art. 1440.º do CC);

– A duração do direito pode coincidir com a vida do usufrutuário (usufruto vitalício – art. 1443.º do CC);

– A constituição do usufruto constitui facto sujeito a inscrição registal (art. 2.º n.º 1 alínea a) do Código do Registo Predial);

– O tipo de direito real usufruto inclui o gozo da coisa (art. 1439.º do CC), abrangendo quer o uso quer a fruição da coisa;

– Enquanto durar o usufruto, ao usufrutuário cabe gozar directamente a coisa ou dispor do direito a favor de terceiro, mediante a constituição de direito real de gozo menor ou de direito de outra natureza, como o arrendamento (direito pessoal de gozo);

– Ao invés, o proprietário não o pode fazer, uma vez que o seu gozo encontra-se comprimido pela oneração (nua propriedade);

– A legitimidade para arrendar encontra-se, assim, com o usufrutuário;

– Podendo dispor do seu direito de usufruto constituindo outros direitos reais menores ou pessoais de gozo, o usufrutuário não pode fazê-lo, porém, com uma duração superior à do seu próprio direito, porquanto se o fizesse estaria a criar encargos para o proprietário, para além, pois, do seu direito;

– Uma vez que no caso o usufruto é vitalício, a celebração do arrendamento por um prazo de cinco anos não importa constituição de encargo de duração superior à duração do próprio usufruto;

– Quanto à objecção do proprietário, segundo o qual, o usufrutuário realizou obras na fracção, substituindo portas, fechaduras e janelas e que tais actos não lhe estão autorizados, cabe ponderar dois aspectos do conteúdo do direito de usufruto, do conteúdo positivo e do conteúdo negativo;

– Do lado do conteúdo positivo do direito, ao usufrutuário cabe o poder de realizar benfeitorias úteis e voluptuárias na coisa (art. 1450.º, n.º 1 do CC). Este poder permite englobar estas acções do usufrutuário no exercício regular do direito – como benfeitorias que tem direito a realizar – sem importar qualquer violação da propriedade;

– Do lado do conteúdo negativo, sobre o usufrutuário impende o dever de realizar as obras de conservação ordinária (art. 1472.º, n.º 2 do CC). Os factos na hipótese apontam para a degradação da coisa, o que suscita o exercício deste dever pelo usufrutuário;

– A morte do usufrutuário causa a extinção do direito (art. 1476.º, n.º 1 alínea a) do CC);

– Com a extinção do usufruto o arrendamento caduca e a coisa deve ser entregue ao proprietário, deixando de haver título para a permanência da coisa com o arrendatário;

– Por virtude de se constitui na base de um direito temporário, ainda que de duração indeterminada, o arrendamento extingue-se com o desaparecimento do direito que fundava a prestação do gozo sobre a coisa.

23. USUFRUTO

JOSÉ ALBERTO VIEIRA

Abel, proprietário do prédio X. com registo a seu favor, celebrou com Bernardo um contrato, nos termos do qual, o primeiro ficaria com usufruto pelo prazo de 10 anos.

No contrato, datado de 2 de Fevereiro de 2017, ficou convencionado que Bernardo poderia construir uma casa de habitação no prédio, que não tinha qualquer construção, e afectá-la ao turismo local.

Bernardo nunca fez nada no prédio, por falta de dinheiro, e vendeu o seu direito a Carlos logo três meses depois. Este último procedeu à construção de um edifício de três andares em dois anos e iniciou imediatamente uma exploração hoteleira, tendo recebido a classificação de 3 estrelas para o seu hotel.

Bernardo morreu em 5 de Outubro de 2019 e Abel reclamou de imediato a entrega do prédio.

a) Analise a possibilidade legal de constituição do usufruto assinalado na hipótese;
b) Esclareça qual a eficácia da morte de Bernardo no usufruto constituído;
c) O que pode fazer Abel se Carlos se recusar a entregar o prédio?
d) Tem Carlos algum direito sobre Abel?
e) Suponha agora que quem morre é Carlos e não Bernardo e que o primeiro tem como herdeira única a sua mulher.

Quid juris?

RESOLUÇÃO:

a)

– A hipótese revela um caso em que as partes convencionam simultaneamente uma alteração da substância e do destino económico da coisa;

– Clarificação da delimitação negativa do usufruto no tipo legal: um único limite (qual deles?) ou ambos? – A lei portuguesa consagra uma sobreposição de duas menções normativas que têm o mesmo sentido normativo (respeito pela forma e substância da coisa e pelo destino económico). A referência legal ao respeito pelo destino económico coincide com o respeito pela forma na redacção do art. 1439.º, n.º 1 do Código Civil. O limite é, pois, o mesmo;

– Por outro lado, na medida em que se trata de um prédio rústico e se permite ao usufrutuário a construção de um edifício há ainda uma alteração convencionada da substância da coisa: o princípio da tipicidade (art. 1306.º, n.º 1 do CC) é, assim, atingido;

– O contrato celebrado entre Abel e Bernardo é nulo na sua eficácia real;

– Ocorre, porém, uma conversão legal, que permite que o contrato seja aproveitado, mas sujeito ao Direito das Obrigações.

b)

– No regime jurídico do usufruto, a morte do usufrutuário causa a extinção do usufruto (art. 1476.º, n.º 1 alínea a) do CC);

– Essa solução deve manter-se em caso de ser aplicado o regime obrigacional.

c)

– No regime jurídico-real, o proprietário pode reivindicar a coisa do usufrutuário (art. 1311.º do CC); mantendo igualmente a posse (o usufruto não a faz extinguir) pode intentar uma acção de restituição. Ambas têm por fim a entrega da coisa ao autor;

– Não havendo direito real, a acção de reivindicação fica excluída, mantendo-se, todavia, a possibilidade de acção de restituição (para a defesa da posse) e de cumprimento, para obter o cumprimento da obrigação de entrega.

d)

– Deve ponderar-se a aplicação do regime das benfeitorias (úteis) do possuidor de boa fé.

e)
– No regime jurídico do usufruto o direito é transmissível, mas não pode exceder a vida do usufrutuário, mesmo havendo prazo. Sendo o transmissário a falecer, o usufruto entra na sucessão do usufrutuário, até ao termo do prazo ou à morte do primitivo usufrutuário;
– Sendo aplicável o regime obrigacional, o direito permanece até ao final do prazo, entrando na sucessão de Carlos.

24. USUFRUTO

JOSÉ ALBERTO VIEIRA

Ana, proprietária do prédio X, outorgou testamento no qual, com a sua morte, se constituiria um usufruto a favor de Beatriz durante a sua vida e, após a morte desta última, a favor de Carla e Daniela. A propriedade foi herdada por Emília.

Com a morte de Ana, Beatriz constituiu uma servidão de passagem a favor do prédio Y, contíguo ao prédio X, propriedade de Francisca, pelo prazo de 20 anos, que foi, aliás, o único acto de gozo do prédio que Beatriz praticou antes de falecer, 3 anos após a morte de Ana.

Com a morte de Beatriz, Emília instalou-se no prédio e afastou Francisca, ao mesmo tempo que negava a Carla e Daniela a entrada no prédio para exercício do seu direito.

Quid juris?

RESOLUÇÃO:

– O usufruto pode ser constituído por testamento (art. 1440.º do CC);
– No caso, há um usufruto sucessivo e simultâneo (co-usufruto ou comunhão de usufruto) (art. 1441.º do CC);
– O usufruto inicial vem a ser constituído a favor de Beatriz. O co-usufruto sucessivo inicia-se unicamente com a morte de Beatriz;

– A usufrutuária pode constituir validamente a servidão, contando que este direito não exceda a duração do usufruto (art. 1460.º, n.º 1 do CC);

– A servidão de passagem caduca, assim, com a morte de Beatriz;

– Com esta morte desencadeia-se a eficácia constitutiva do usufruto sucessivo previsto no testamento e Carla e Daniela tornam-se co-usufrutuárias;

– O nú proprietário está obrigado ao respeito do usufruto tanto como qualquer outro terceiro;

– Emília viola, deste modo, os direitos de Carla e de Daniela;

– Sem prejuízo da responsabilidade civil adveniente do facto, Emília sujeita-se à defesa das co-usufrutuárias. A defesa real destas pode ser uma de duas:

- Acção de reivindicação (art. 1311.º e 1315.º do CC), com o escopo de obter a condenação judicial na entrega da coisa. Qualquer uma das co-usufrutuárias tem legitimidade para, sózinha, interpor a acção.
- Acção confessória, destinada a obter o reconhecimento judicial do direito das autoras contra a proprietária;

– Uma acção possessória (acção de restituição) não se afigura possível no caso, por não ter havido aquisição de posse por parte tanto de Carla como de Daniel. O testamento não tem eficácia translativa da posse, tão-pouco a morte de Beatriz;

– Seja qual for a via judicial escolhida, a acção deve ser declarada procedente e as co-usufrutuárias conduzidas ao gozo da coisa objecto do seu direito.

25. USO E HABITAÇÃO

JOSÉ ALBERTO VIEIRA

Adelina e Bernardo divorciaram-se tendo no acordo judicial homologado por sentença ficado convencionado que a primeira permaneceria proprietária do prédio X, bem comum do casal, enquanto Bernardo ficaria titular de um direito de habitação sobre o mesmo.

A transacção não foi registada, estando no Registo Predial inscrição a favor de Adelina, por compra a Xavier.

Bernardo, para além de residir no prédio X, aí procedia ao cultivo de batatas, uvas, cerejas e pêssegos, apesar de não precisar para viver, dados os generosos rendimentos de trabalho que auferia. Vendia sempre toda a sua produção, com lucros anuais superiores a € 100.000,00.

Em 18 de Agosto de 2018, Adelina vendeu a propriedade plena do prédio X a Carlos, seu advogado do divórcio, que conhecia bem a transacção por si negociada para a sua cliente. O contrato foi registado com data do dia seguinte na Conservatória do Registo Predial.

A partir dessa data Carlos reclamou de Bernardo a entrega do prédio livre e devoluto, o que o último sempre recusou fazer.

Para além do pedido de entrega, Carlos exige ainda de Bernardo o pagamento de € 200.000,00 a título de fruição, invocando o direito de propriedade sobre os frutos produzidos pelo prédio.

Quid iuris?

RESOLUÇÃO:

– A hipótese retrata um caso de constituição de direito de habitação (art. 1484.º, n.º 2 do CC) por acordo (veja-se para este efeito a remissão que o art. 1485.º do CC faz para o regime jurídico do usufruto);

– Por força da constituição do direito de habitação sobre o prédio X, a propriedade de Adelina fica onerada, nos termos gerais;

– A ausência de registo do facto constitutivo do direito de habitação não prejudica a eficácia real e a aquisição do direito por Bernardo, que ocorre por força da transacção judicial, nos termos do art. 408.º, n.º 1 do CC;

– O direito de habitação, apesar de onerar a propriedade, não tolhe o poder de disposição da proprietária, que pode validamente vender o seu direito a terceiro;

– A alienação da propriedade não afecta o direito de habitação de Bernardo, previamente constituído;

– Só não seria assim, se ocorresse uma aquisição tabular da propriedade plena (a propriedade onerada já se encontra assegurada pela compra a Adelina) a favor de Carlos, nos termos do art. 5.º, n.º 1 do Código do Registo Predial;

– Carlos não está de boa fé, porém, pelo que fica afastada a aquisição tabular da propriedade plena, que implicaria a extinção do direito de habitação;

– Assim sendo, Carlos está obrigado a respeitar o direito de habitação na titularidade de Bernardo e não pode exigir a entrega do prédio X a este último antes da extinção do seu direito;

– O tipo legal do direito de habitação não outorga ao titular o gozo integral, nomeadamente, limita a fruição "às necessidades do titular e da sua família", de acordo com a sua condição social;

– Isto implica reconhecer ao proprietário os frutos gerados pela coisa que estão fora do conteúdo do direito de habitação, o que obriga ao cálculo de toda a produção, com dedução de despesas e encargos, e à fixação da percentagem, se for o caso, que pertence a cada um dos titulares de direitos reais sobre a coisa;

– A hipótese não permite um cálculo concreto, mas deixa claro que Bernardo não carrecia da fruição da coisa para viver, o que coloca uma parte da fruição como parte do direito de propriedade de Adelina, primeiro, e depois Carlos;

– Porquanto os frutos pertencem ao proprietário, Carlos pode exigir a Bernardo o valor dos frutos que cabia a Adelina e não foram por ela cobrados.

26. USO E HABITAÇÃO

JOSÉ ALBERTO VIEIRA

António, titular de um direito de uso sobre o prédio rústico X, com inscrição registal a seu favor desde 5 de Agosto de 2000, decidiu construir uma casa de habitação, apesar da oposição do proprietário Bento.

A justificação para a pretensão de António residia, segundo o próprio, na possibilidade do direito de uso se converter em direito de habitação por referência a uma casa de morada.

Bento avisou António que procederia à reivindicação do prédio X, caso Bento avançasse com a construção da casa de habitação, o que veio a acontecer entre Janeiro de 2017 e Dezembro de 2018.

Perante a construção da casa por parte de António, Bento defende que o direito de uso se extinguiu, com fundamento na violação da propriedade e intenta acção contra o primeiro pedindo:

– A declaração judicial de extinção do direito de uso;

– A condenação do réu na entrega da coisa.

Quid iuris?

RESOLUÇÃO:

– Caracterização do tipo legal do direito de uso (art. 1484.º do CC);

– O confronto com o usufruto e a proibição da alteração da substância da coisa, que consta do art. 1439.º do CC para o direito de usufruto e se estende ao usuário da coisa. Este tem de gozar a coisa como se encontrava no momento da constituição do direito, sem a poder transformar para coisa diferente (no caso, de prédio rústico para prédio urbano);

– António não tem, assim, um poder legal de transformação da coisa que lhe permita, licitamente, proceder à construção da casa de habitação pretendida. Se o fizer, viola o direito de propriedade de Bento;

– A construção da habitação, e a consequente violação da propriedade, não tem, no entanto, eficácia extintiva do direito de uso, não sendo por isso possível ao proprietário fundamentar um tal efeito jurídico na dita violação da propriedade;

– O proprietário, não podendo invocar a extinção do direito menor, pode, todavia exigir a destruição da coisa a expensas do usuário ou desencadear a acessão. É aqui aplicável o regime da acessão industrial imobiliária de má fé (art. 1341.º do CC);

– Nestes termos, a acção proposta por Bento seria improcedente quanto aos dois pedidos: nem o direito de uso se extinguiu, nem o proprietário pode reivindicar a coisa com sucesso enquanto subsistir o direito onerador;

– O direito de uso subsiste, assim, conformado embora com a decisão que o proprietário venha a tomar no âmbito do disposto do regime de acessão industrial imobiliária (art. 1341.º do CC).

27. DIREITO DE SUPERFÍCIE

JOSÉ ALBERTO VIEIRA

Alcino, proprietário de um prédio rústico afecto à exploração florestal, decidiu vender a Beatriz todo o solo do prédio, incluindo o subsolo, mas mantendo a propriedade das árvores, que tencionava mais tarde cortar e vender à indústria de produção de pasta de papel.

O contrato, celebrado por escritura pública, estabelecia o preço da venda e a duração do direito de Alcino, que se fixou em cinquenta anos. Previa igualmente que Alcino pagaria a Beatriz a quantia de 5.000 euros por ano, a contar do décimo primeiro ano da celebração do contrato.

Após a venda do solo a Beatriz, Alcino nada mais fez no prédio, nem sequer o visitou, mas ao fim do décimo primeiro ano efectuou o primeirro pagamento de 5.000 euros, conforme convencionado.

Nessa altura, Alcino informa Beatriz que pretende estabelecer um direito de passagem entre o prédio e a estrada nacional mais próxima, uma vez que tenciona proceder ao abate das árvores.

Beatriz recusa a constituição de qualquer direito de servidão e alega ainda que o direito de Alcino sobre as árvores se extinguiu, por este último não as haver gozado durante mais de dez anos.

Quid iuris?

RESOLUÇÃO:

– A hipótese descreve um caso de constituição de direito de superfície por alienação separada das árvores relativamente ao solo (art. 1528.º do Código Civil);

– A situação origina três direitos reais:
- A propriedade do fundeiro (Beatriz) sobre o prédio;
- O direito de superfície (de Alcino) sobre o prédio, com a duração de 50 anos;
- O direito de propriedade (de Alcino) sobre as árvores;

– A propriedade adquirida por Beatriz abrange o solo (e o subsolo), mas não as árvores existentes no prédio. Trata-se de uma situação regular de oneração, em que a propriedade fica com o encargo da superfície de Alcino;

– A constituição da superfície afasta o funcionamento do regime jurídico da acessão, que não se aplica no caso. A superfície atribui ao superficiário o direito a manter coisa sua em solo alheio;

– Os 5.000 euros anuais, a partir do décimo primeiro ano, representam a convenção de um cânon superficiário, que não deve ser confundido com o preço da compra e venda da superfície (art. 1530.º, n.º 1 do Código Civil);

– O cânon superficiário constitui um ónus real, estando sujeito a inscrição registal obrigatória no Registo Predial;

– O superficiário pode impor a constituição de servidão de passagem para assegurar o gozo das árvores se as partes não houverem acordado a constituição da mesma (art. 1529.º, n.º 1 do Código Civil). Trata-se de um exemplo de servidão legal ou coerciva;

– O exercício coercivo da servidão, mediante recuso aos tribunais, prescinde da vontade do fundeiro na constituição da servidão e obriga-o a colaborar;

– O argumento de Beatriz quanto à eventual extinção do direito de superfície de Alcino só pode fundar-se na ponderação do não uso;

– As hipóteses de não uso contempladas legalmente para o direito de superfície (no art. 1536.º, n.º 1 alíneas a) e b) do Código Civil) não permitem considerar este facto extintivo para o caso;

– De resto, a exploração florestal não requer sempre a actuação do proprietário das árvores, bastando a acção espontânea da natureza;

– Não parece, pois, possível aplicar o regime do não uso ao caso da hipótese. A superfície subsiste;

– Com a permanência da superfície, Alcino pode impor a Beatriz a constituição de uma servidão de passagem para assegurar o trânsito das árvores para a estrada nacional.

28. DIREITO DE SUPERFÍCIE

JOSÉ ALBERTO VIEIRA

O Clube Futebol de Benfica constituiu a favor da empresa petrolífera Angolax um direito de superfície para construção e manutenção de um posto de abastecimento de combustível.

O contrato entre as partes, celebrado em 5 de Março de 2009, previa a duração do direito pelo prazo de 20 anos e um preço de 1.000.000,00 de euros a pagar no prazo de um ano, o que aconteceu.

A fim de financiar a construção do posto de abastecimento de combustível a Angolax contraiu um empréstimo no valor de 500.000,00 euros, dando de garantia ao Banco Fénix, o banco mutuante, a hipoteca do direito de superfície.

A superficiária construiu o posto de abastecimento de combustível na totalidade e ao fim de um ano já estava em pleno funcionamento.

Durante o ano de 2018 a oscilação do preço do petróleo arruinou o negócio da Angolax, que decidiu renunciar ao direito de superfície, apesar de continuar devedora de parte do empréstimo ao Banco Fénix.

Quid iuris?

RESOLUÇÃO:

– A hipótese descreve um caso de constituição de direito de superfície para construção e manutenção de obra (art. 1524.º do Código Civil);

– Esta superfície abrange o solo e a parte do subsolo necessários à construção da obra (art. 1525.º, n.º 1 do Código Civil);

– A situação origina três direitos reais:

- A propriedade do fundeiro (Clube Futebol Benfica) sobre o prédio;
- O direito de superfície (da Angolax) sobre o prédio, com a duração de 20 anos;
- Uma vez iniciada a construção da obra, o direito de propriedade (da Angolax) sobre ela;

– A constituição da superfície afasta o funcionamento do regime jurídico da acessão, que não se aplica no caso. A superfície atribui ao superficiário o direito a manter coisa sua em solo alheio;

– O direito de superfície pode ser dado em hipoteca, a fim de garantir um crédito de terceiro (art. 688.º, n.º 1 alínea c) do Código Civil);

– Discussão sobre a possibilidade legal de renúncia ao direito de superfície. A discussão envolve para alguns analogia com a renúncia à propriedade de imóvel e a mesma solução (inadmissibilidade);

– A lei portuguesa não prevê expressamente a renúncia à superfície; o art. 1536.º, n.º 1 não a inclui na sua lista de factos extintivos deste direito;

– A possibilidade legal da renúncia à superfície advém do poder de disposição do direito, que é conteúdo do tipo legal (art. 1524.º do Código Civil). A renúncia da Angolax é, pois, válida, embora deva ser declarada na forma legal dos negócios sobre imóveis (escritura pública ou documento particular autenticado) e inscrita no Registo Predial;

– A renúncia da superfície opera em regra a extinção deste direito e a cessação da oneração da propriedade;

– Porém, como sobre a superfície incidia uma hipoteca e aquele direito se extinguiu antes do prazo, a lei determina que a hipoteca subsista sobre a obra para efeito de exercício pelo credor hipotecário (art. 1541.º do Código Civil);

– Com a extinção da superfície o posto de abastecimento de combustível é integrado no prédio do fundeiro, que adquire assim a propriedade da obra (art. 1538.º, n.º 1 do Código Civil);

– A aquisição da propriedade da obra faz-se mediante o pagamento de uma indemnização ao antigo superficiário, calculada segundo as regras do enriquecimento sem causa (art. 1538.º, n.º 2 do Código Civil).

29. DIREITO DE SUPERFÍCIE

JOSÉ ALBERTO VIEIRA

Abel, Bento, Carlos e Daniel, condóminos do edifício X, constituído em propriedade horizontal com quatro fracções, correspondentes ao r/c, direito e esquerdo e ao 1.º andar, direito e esquerdo, deliberaram por unanimidade em assembleia geral de condóminos a outorga de um direito a favor de Ermelinda e Francisco, para construção de duas novas fracções no segundo andar, as quais, após a construção, ficariam a pertencer a cada um dos superficiários.

a) Seria suficiente esta deliberação para a constituição do direito?
b) Se não, o que seria necessário?
Ermelinda e Francisco completaram a construção dois anos depois da outorga do direito.
c) O que sucede ao direito de construção uma vez concluída esta?
d) Que posição jurídica têm Ermelinda e Francisco?

RESOLUÇÃO:

A)

– A deliberação tem por objecto a constituição de um direito de superfície para a ampliação do edifício (superfície de sobreelevação). Tem de ser aprovada por todos os condóminos do edifício (portanto, com a presença de todos e com todos os votos a favor);

– A constituição do direito de superfície é posteriormente acordada pelas partes em contrato celebrado por escritura pública ou documento particular autenticado:

– O título constitutivo da propriedade horizontal deve ser alterado para contemplar as duas novas fracções. Todos os condóminos devem outorgar no acto de alteração do título constitutivo da propriedade horizontal ou ser representados nele, nos termos gerais. O administrador pode outorgar em representação de todos os condóminos (art. 1419.º, n.º 2 do Código Civil);

B)

– A mera deliberação da assembleia de condóminos não basta para a constituição do direito de superfície, tornando-se, no entanto, necessária para a vinculação dos condóminos à outorga do contrato e à alteração do título executivo;

C)

– Estando o título constitutivo modificado para contemplar as duas novas fracções autónomas construídas pelo superficiário, concluída integralmente a construção o direito de superfície de sobreelevação extingue-se;

– Este efeito (a extinção da superfície) não ocorre, porém, caso não tenha havido alteração do título constitutivo;

– Não estando ainda alterado o título constitutivo, a superfície de sobreelevação permite manter nos superficiários a propriedade sobre a obra construída (o segundo andar), quc não integra ainda a propriedade horizontal;

D)

– Concluída a construção e alterado o título constitutivo os até então co-superficiários passam a condóminos, cada um proprietário da sua fracção autónoma no segundo andar do edifício.

30. DIREITO DE SUPERFÍCIE

JOSÉ ALBERTO VIEIRA

António, proprietário de um prédio rústico em Lisboa, com inscrição registal a seu favor, por compra a Zeferino, desde 22 de Março de 1996, concedeu à empresa Bernardo, Lda. um direito de superfície por 30 anos para construção e exploração de um parque de estacionamento de 200 lugares.

No contrato ficou convencionado que, além de 1.000.000,00 euros iniciais, a empresa Bernardo, Lda. pagaria a António 10.000,00 euros anuais, no dia 25 de Novembro de cada ano.

Após a constituição da superfície a empresa Bernardo, Lda. montou um escritório sobre o solo e construiu um barracão para apoiar os trabalhadores da obra.

António contesta a actuação da empresa Bernardo, Lda., alegando caber-lhe unicamente o uso do subsolo e estar, assim, a violar a sua propriedade, o que a segunda nega, invocando a necessidade da infrestrutura à superfície para construir o parque de estacionamento projectado.

No ano seguinte e face ao tom crescente da contestação de António, a empresa Bernardo, Lda. deixa de pagar os 10.000,00 euros anuais e instala-se em todo o prédio, impedindo qualquer actividade nele por parte do fundeiro.

António consulta imediatamente o seu advogado e dá-lhe instruções para que recupere o prédio na íntegra, sem a superficiária, e faça declarar judicialmente a extinção da superfície.

Quid iuris?

RESOLUÇÃO:

– A hipótese descreve a criação de um direito de superfície relativo a obra no subsolo, uma situação que surge contemplada no art. 1525.º, n.º 2 do Código Civil;

– O direito de superfície é constituído onerosamente contra o pagamento de um preço e a instituição de um cânon superficiário;

– O uso e a fruição do solo do prédio pertencem ao proprietário quando o implante deva ser construído sob o solo;

– Em todo o caso, neste ponto poderá haver necessidade de apoio às obras no subsolo que obriguem a alguma sorte de uso do solo;

– Nesta ordem de ideias, não é admissível a construção de um escritório no solo, parecendo ao invés que a construção do barracão de suporte aos trabalhadores se deve impor ao proprietário enquanto a construção da obra no solo não esteja concluída;

– A empresa Bernardo, Lda. procede ao desapossamento do proprietário, o qual, se for acompanhado da exteriorização do direito de propriedade (a hipótese não o permite esclarecer) tem a natureza de um acto de inversão do título da posse (por oposição);

– António mantém a propriedade e a posse, neste último caso, durante um ano após o esbulho (art. 1267.º, n.º 1 alínea d) do Código Civil);

– A recuperação do prédio pode fazer-se de duas vias:

- Acção de reivindicação movida contra a superficiária;
- Acção de restituição da posse (no ano subsequente ao esbulho);

– A falta de pagamento do cânon superficiário não fundamenta a extinção do direito de superfície à luz da lei portuguesa, mas obriga o superficiário a satisfazer o triplo do valor em dívida (1531.º, n.º 2 do Código Civil).

31. SERVIDÕES PREDIAIS

JOSÉ ALBERTO VIEIRA

António comprou a Beatriz o prédio X. Este prédio não tem saída própria para a via pública, estando rodeado a cerca de três quartos pelo prédio Y, propriedade de Carlota, e no quarto restante pelo prédio Z, propriedade de David.

A estrada mais próxima do prédio X passa pelo prédio Z, mas este encontra-se todo murado, ao contrário do prédio Y, que, porém, dá acesso à via pública a uma distância superior a 1km, por comparação com o prédio Z.

António comunica a David que pretende realizar a passagem pelo seu prédio a partir do dia 1 do mês de Maio, o mês seguinte, e pede, para o efeito, que aquele lhe diga por onde realizar a passagem e ainda para se dispor a outorgar a escritura de constituição da servidão, de modo a inscrevê-la no registo predial.

David recusa a pretensão de António, que entretanto fizera a mesma comunicação a Carlota, que recusa do mesmo modo.

RESOLUÇÃO:

– O prédio de António encontra-se encravado. Esta noção não se limita aos casos de encrave por um único prédio, mas sim à situação daquele prédio que não tem acesso próprio à via pública (ou acesso insuficiente), por se encontrar rodeado de outros prédios;

– O encrave confere ao proprietário do prédio encravado o direito potestativo de constituir servidão de passagem sobre um dos prédios encravantes (art. 1550.º, n.º 1 do Código Civil);

– Esta servidão, legal ou coerciva (como preferimos chamar), não se constitui por força da norma legal, carecendo do negócio jurídico (contrato) em que outorgem os proprietários dos prédios serviente e dominante. Este contrato está sujeito a registo, nos termos do art. 2.º, n.º 1 alínea a) do Código do Registo Predial;

– A lei não define um critério específico para a sujeição à constituição da servidão de passagem, podendo, pois, o titular do direito à constituição da servidão escolher pelo prédio que lhe assegure maior conveniência;

– Em todo o caso, a circunstância do prédio Z ser murado e a constituição da servidão poder afectar a construção existente determina a sujeição preferencial do prédio Y a essa servidão;

– Seja como for, o art. 1551.º do Código Civil confere ainda ao proprietário do prédio sujeito ao encargo um expediente último para evitar a constituição do encargo: o direito a adquirir o prédio encravado;

– Caso o proprietário do prédio sujeito à servidão não o adquira, nos termos do mencionado art. 1551.º do Código Civil, António pode intentar uma acção para exercício do seu direito potestativo a constituir a servidão;

– Esta acção é uma acção real inominada, tem por fundamento o direito de propriedade do prédio encravado, como causa de pedir o encrave do prédio X e por pedido a declaração judicial de constituição da servidão de passagem;

– Portanto, na ausência de colaboração de qualquer um dos proprietários dos prédios encraventes, António, proprietário do prédio encravado, pode impor coercivamente a constituição da servidão de passagem, mediante recurso a uma acção real inominada

32. SERVIDÕES PREDIAIS E ÁGUAS

JOSÉ ALBERTO VIEIRA

António é proprietário do prédio X, que, desde Janeiro de 1980, recebe água de uma ribeira nascida no prédio superior Y, propriedade de Bento, água essa enriquecida com águas pluviais caídas em ambos os prédios.

Em 2 de Agosto de 2019, Bento bloqueou a ribeira, fazendo cessar na íntegra. o fluxo de água para o prédio X e impedindo com isso a actividade de rega e de consumo doméstico neste prédio.

António reclama a existência de uma servidão de escoamento, adquirida por usucapião, e aponta a violação desse direito por Bento.

Bento, por sua vez, alega que a água é sua propriedade e que tem direito ao seu gozo e disposição, incluindo o consumo integral, vedando o acesso a ela por parte de António.

Quid iuris?

RESOLUÇÃO:

– A hipótese versa sobre águas particulares, que são aquelas que não constam do domínio público hídrico;

– São particulares as águas de nascente situada em prédio privado, bem como as águas pluviais que aí caiam (art. 1386.º, n.º 1 alínea a) do Código Civil)

– A água de nascente é propriedade do prédio onde a nascente se situa (art. 1389.º do Código Civil);

– O proprietário de água de nascente pode fazer o que dela entender, nos termos gerais da propriedade;

– A propriedade das águas pluviais pertence ao proprietário do prédio para onde escoarem, ficando retidas (art. 1393.º do Código Civil);

– Em todo o caso, o proprietário do prédio onde caem as águas pluviais pode retê-las, impedindo o escoamento para prédio inferior. Na medida em que o faça, torna-se seu proprietário, tendo o gozo respectivo;

– O proprietário do prédio inferior para onde escorrem as águas de nascente pode fazer o seu aproveitamento, mas não é o seu proprietário. Se o proprietário da nascente retomar o seu uso, o que pode fazer a todo o tempo, o proprietário do prédio inferior não pode reclamar violação do seu direito (art. 1391.º do Código Civil);

– Bento pode, pois, fazer uso da água da nascente do seu prédio, secando o escoamento para o prédio de António;

– Ressalva-se aqui, em todo o caso, a aplicação, possível, do instituto de abuso de direito, na modalidade da *supressio*;

– Não há na hipótese qualquer situação de posse nos termos de servidão de escoamento que possa dar azo a usucapião;

– Por outro lado, a aquisição de servidão de presa ou de escoamento sobre prédio serviente "só é atendida quando for acompanhada da construção de obras, visíveis e permanentes, no prédio onde exista a fonte ou nascente, que revelem a captação e a posse da água nesse prédio" (art. 1390.º, n.º 2 do Código Civil);

– Com a ressalva da aplicação possível do abuso de direito, António nada pode fazer para restabelecer o curso de água da ribeira para o seu prédio.

33. SERVIDÕES PREDIAIS

JOSÉ ALBERTO VIEIRA

Abel proprietário do prédio Y procedeu à divisão do mesmo em duas partes, promovendo novas descrições no Registo Predial, e vendeu uma parte, agora um prédio autónomo, a Bernardo.

O prédio vendido (prédio Z) engloba um riacho que atravessa os dois prédios e sobre o qual existe uma ponte que liga as duas margens, integradas em prédios agora separados e antes um só. Essa ponte assegurava a ligação entre a parte habitacional, propriedade de Abel, e a parte agrícola, pertença presentemente de Bernardo.

Após a venda, Abel exige a Bernardo que respeite a sua passagem pela ponte até ao prédio do último e em direcção à via pública, como sempre tinha feito antes do fraccionamento e venda.

Bernardo recusa a pretensão de Abel e impede a sua passagem ulterior, sempre que tentada por Abel.

Abel acabou por se conformar com o tempo e deixou de pretender realizar a passagem, apesar de manter a alegação de existência do seu direito defronte de Bernardo, perante a indiferença deste.

Abel falece 16 anos depois, deixando Carlos, seu filho, como herdeiro único. Este imediatamente retoma a passagem pela ponte e em direcção à via pública, ignorando os protestos de Bernardo.

Bernardo e Carlos pretendem ver a situação esclarecida e saber quais os meios legais de defesa que têm à sua disposição.

Quid iuris?

RESOLUÇÃO:

– O proprietário de imóvel pode proceder à divisão do mesmo em dois ou mais prédios, precedendo as formalidade legais junto do Registo Predial;

– As partes resultantes da divisão passam a constituir juridicamente outros tantos prédios, sujeitos, pois, a diferentes direitos de propriedade (princípio da inerência);

– Entre as partes do prédio agora coisas autónomas revelam-se sinais de serventia de um para o outro;

– Esses sinais são havidos como prova de uma servidão de passagem do prédio de Abel (prédio dominante) para o prédio de Bernardo (prédio serviente);

– A propriedade de Bernardo fica, pois, por efeito da venda separada de uma das partes do anterior prédio, onerada com uma servidão de passagem;

– O facto constitutivo da servidão é a destinação de pai de família e a previsão legal deste encontra-se no art. 1549.º do Código Civil;

– Bernardo opõe-se ao exercício da servidão de passagem. Trata-se de um desapossamento, que conduz à perda da posse de Abel (nos termos da servidão de passagem) ao fim de um ano (art. 1267.º, n.º 1 alínea d) do Código Civil);

– Abel poderia defender-se por via da acção de reivindicação (art. art. 1315.º do Código Civil) do Código Civilpor via da acção possessória de restituição. Enquanto a primeira acção é imprescritível, a segunda caduca com a perda da posse ao fim de um ano passado sobre o esbulho de Bernardo;

– O decurso do prazo de 16 anos após o desapossamento de Abel coloca a hipótese da *usucapio libertatis* (art. 1574.º do Código Civil). Ocorreu esta? – A resposta é negativa, por falta do decurso do prazo de 20 anos (art. 1296.º para o possuidor de má fé);

– Bernardo tem ao seu dispor acção de reivindicação e acção possessória de restituição;

– No entanto, provando Carlos o seu direito de servidão de passagem, qualquer destas acções será improcedente;

– Carlos tem ainda ao seu dispor a acção confessória contra Bernardo, para fazer declarar judicialmente o seu direito e a oneração da propriedade do último.

ÍNDICE